咖啡新零售

第四次咖啡革命

场景实验室 著
吴声 出品

中信出版集团 | 北京

图书在版编目（CIP）数据

咖啡新零售：第四次咖啡革命 / 场景实验室著 . --
北京：中信出版社，2019.7
ISBN 978-7-5217-0378-8

Ⅰ . ①咖… Ⅱ . ①场… Ⅲ . ①咖啡馆－零售业－商业
经营 Ⅳ . ①F719.3

中国版本图书馆CIP数据核字（2019）第067198号

咖啡新零售——第四次咖啡革命

著　　者：场景实验室
出版发行：中信出版集团股份有限公司
（北京市朝阳区惠新东街甲4号富盛大厦2座　邮编　100029）
承 印 者：北京盛通印刷股份有限公司

开　　本：880mm × 1230mm　1/32　　印　　张：6.75　　字　　数：128千字
版　　次：2019年7月第1版　　印　　次：2019年7月第1次印刷
广告经营许可证：京朝工商广字第8087号
书　　号：ISBN 978-7-5217-0378-8
定　　价：58.00元

目 录

06

第四次咖啡革命，数字时代的价值共赢

吴声

咖啡，是新一轮消费分级中难得的共识品类。拼多多、微信、抖音、小红书、淘宝、美团点评几乎合力打开了咖啡作为生活方式的指数级增长空间。分享与打卡，标记和颜值，咖啡正在成为空间芯片，成为年轻人日常生活中不可或缺的意义。新零售让咖啡品牌如虎添翼，瑞幸API开放平台[①]来势汹汹，星巴克火速接入饿了么与盒马鲜生。在这里，我们看到的是再一次的咖啡产业变革的到来。

新咖啡产业变革的三重属性

第一重属性：零售的便利和易得。外卖配送和便利店网络扮演了咖啡需求端的基础设施角色，人找咖啡迭代为咖啡找人。这个进化过程中，咖啡门店的第三空间定位越来越被稀释，数字化门店功能越来越突出，集中体现在门店作为前置仓的近场属性和网络密度，智慧门店运营的成本结构和体验细节。

---

① 一种标准化程度较高的企业级业务形态，通过科技赋能的超级接口实现多元场景物联。可实现企业的实时交互，按需调取瑞幸咖啡券码库数据，满足积分兑换、会员权益、员工福利、商务赠礼等需求。——编者注

第二重属性：供应链的效率和透明。咖啡豆的升级，工艺的迭代，从种植到存储，从物流到制作，供应链的投入决定了扩张的效率，也决定了用户交付的标准化，在任何场景都有稳定一致的体验和预期。

第三重属性：场景的流动和融合。咖啡是用户消费的产品，更是用户生产的内容。通过“咖啡+”不同场景的搭建与激活，在社交网络上的展示成为时代底色。Monocle咖啡、HAY咖啡、梅赛德斯Me咖啡、古驰咖啡、悦诗风吟咖啡……品牌和IP通过咖啡作为场景接口与用户完成交互的日常。

“第四次咖啡革命”的关键词：数字化

在在这三重属性的表象之下，是数字化深耕的基础设施土壤，数据成为理解第四次咖啡革命的基本单元。

迄今为止，咖啡商业完整经历的3次革命分别是以雀巢、麦斯威尔为代表的速溶咖啡，以星巴克、咖世家（Costa）为代表的连锁咖啡，以及以蓝瓶咖啡（Blue Bottle）为代表的精品咖啡。每一次浪潮都对应了咖啡产品化和渠道功能的定义。而以瑞幸咖啡为代表的新一轮咖啡产业革命，是生产要素的系统性重组和咖啡生活方式的根本性重建，原点是数字化的用户能力。

粗放式咖啡商业经由数字化的颗粒度成本降低，更是对用户体验的个性化满足和供应链的集约化管理。在彻底数字化基础上生长出来的咖啡新零售模式，所带动的是包括成本、体验和效率在内的整体商业系统优化。

由此带来更低的价格、更稳定的品质、更个性化的体验、更有效率的服务，都让咖啡以更朴素的姿态，推动咖啡消费的刚需化、敏捷化，最终达到日常化。

无限场景和咖啡平权

瑞幸创立之初，提出了“无限场景”的理念，要实现线上和线下，产品、价格和便利性的均衡整合，为用户提供高性价比、购买方便的咖啡选择。门店本质上是作为前置仓，以密度能力完成供应链效率的重要一环，并且成为实现无限场景的必要条件，以满足用户“随时随地”之需。

这种易获得和性价比的特性，在很大意义上让瑞幸成为中国的“咖啡平权者”。让咖啡消费回到本身、回到日常，和全球信息对称，价格对等，去掉咖啡的标签溢价。从这个角度，我们更能理解为什么数字咖啡被称为第四次咖啡革命：在智能互联的技术环境和数字化基础设施上，用咖啡普惠的价值观，填补数字接管运营前无法被满足的需求，扩容中国的咖啡消费市场和咖啡消费人群——数字咖啡的对手从来就是数字而非咖啡。

瑞幸 19 个月的上市传奇，是规则再定义，也是形势使然。我读钱治亚瑞幸宣言，平实中有实践总结，朴素中见平权灼见，可以好不必贵，咖啡所见所得无须郑重其事，数字时代所有对商业本真的回归都要重新探索：数字门店抑或前置仓，可视化效率与透明供应链，成本和体验的用户感受，分享之于年轻人的生活刚需。相信那些突破舒适区的不习惯，才是一代人正常的习惯。

1732年，巴赫走在清冷的街道，一边试图抓住刚刚萌发的关于咖啡音乐剧的灵感，一边抱怨没有咖啡的早晨，自己像一块干瘪的烤羊肉。此时最能理解他的，也许是远在美国的本杰明·富兰克林，时值对后世影响巨大的《穷查理智慧书》即将出版，而他早年在伦敦咖啡馆阅读牛顿的著作时，并未想过以后的斜杠成就——那时他只是单纯地热爱咖啡和阅读，当然，还有在咖啡馆遇到的诚实灵魂。

大卫·林奇从来不能忍受烂电影，但他可以忍受烂咖啡，因为“烂咖啡总是好过没咖啡”。若是存在一个跨时空的朋友圈，凡·高、毕加索、伏尔泰、巴尔扎克应该会纷纷点赞。

爱因斯坦喜欢在喝完咖啡后搅扰时空，如果存在一杯能征服所有人的饮料，是否也存在一种万物都适用的终极理论？

而身在危地马拉咖啡种植园的果农却对这些漠不关心。他们只关心活着的东西，尤其是迫在眉睫、马上就能采摘的。带着对下一次杯测能成交个好价钱的期许，他们开始晾晒新豆。

刚刚结束完杯测的收购人员正在向总部汇报结果，这一波获得冠军的豆子将被送到位于纽约的一个咖啡馆，这个咖啡馆白天卖精品咖啡，晚上卖精酿啤酒，但它的绝大多数顾客，来自隔壁的展厅——汽车、艺术或虚拟现实。展会上有人几个小时前刚刚在圣日尔曼大道和圣伯努瓦街拐角的花神咖啡馆喝过早茶，咖啡从来不用倒时差。

深圳华强北的一个写字楼里，全体项目成员正在观看这场大数据展的实时转播，此时距离向投资人提交项目企划书还剩最后一个通宵，成员突然灵感雀跃，会议临时转移到楼下的咖啡馆。

负责此次视频直播的程序员，此时正窝在北京西二旗的一个长租公寓。他站起来伸了一个懒腰，看到楼下有人将手里的咖啡一饮而尽，系紧鞋带插上耳机准备夜跑，也有人播放起抖音神曲，对着手机扭动身体。

一辆电动车突然停在楼下，消息提示外卖咖啡配送到达，他走向门口，觉得即使生活处处有挑战，但这一刻，堪称完美。

第一章

咖啡的商业进化，时代下的高潮与更迭

宇宙最不可理解之处，在于它竟然是可以理解的。

商业亦然。

因为商业源于生活。

而生活，总能被理解。

咖啡，征服世界的种子

催情，占卜，减肥，长生不老，古代关于咖啡的传言有很多，这种能够增强体力的灌木种子起初就具备成为超级商品的潜力，在埃塞俄比亚首次登上历史舞台，后来经曼德海峡进入阿拉伯半岛。公元10世纪，咖啡第一次以书面形式出现在波斯医生的笔记中。

16世纪，奥斯曼帝国称霸中东和北非，之前连接东西方的“丝绸之路”被迫中断。坐拥咖啡产地的土耳其人为了垄断贸易，严禁咖啡生豆出口。法度的桎梏挡不住人们对利益的追逐，有人悄悄把咖啡种子贴在肚皮上走私，被称为“海上马车夫”的荷兰水手甚至偷运出一整棵咖啡树。随着一连串的铤而走险，咖啡在印度南部、斯里兰卡、爪哇等地陆续引种成功。

丝绸之路受阻刺激了“大航海时代”的到来，全球地缘经济由此发生了翻天覆地的变化。在欧洲，咖啡日益普及，虽然有关是否危害身体健康的争议不断，但上至教皇下到平民，大多数人对这种棕褐色的奇怪液体表现出了空前的好感。

咖啡商业以初始形态自发展开：英国人在牛津大学开设了自己的第一家咖啡馆。醇厚的香气加上圈子里的谈天说地，让喜欢熬夜的学霸倍感兴奋。律师、政客、军官……很快，各种职业群体都在咖啡馆里找到了各自的归属感。

法国人发明了“挂耳式”咖啡。不同于之前的蒸煮，这种咖啡用布袋包裹咖啡粉，然后挂在壶里冲泡，隐约就是现在袋泡茶的雏形。

图 1-1：“挂耳式”咖啡

针对咖啡突如其来的流行，为了捍卫传统，普鲁士国王特别发布公告，要求人们只喝传统的黑啤，他还下令取缔大部分咖啡店，因为进口咖啡会造成巨大的财政开支。没钱的老百姓只得从烤菊苣根、炸无花果和大麦中寻找咖啡的替代品。

历史推助的新需求

进入18世纪，来自中国和印度的茶叶大量涌进东印度公司的货船。殖民掠夺让茶叶的价格不再敏感，再加上无须烘烤、研磨，泡茶显得比冲咖啡更方便。历史反转，英国人开始改为饮茶。

北美第一家“咖啡酒馆”诞生于波士顿，之所以叫“咖啡酒馆”，是因为除了卖咖啡，还卖啤酒和红茶。

日不落帝国在属地趾高气扬，他们一边宣扬喝茶的新风尚，一边盘算着茶叶出口能赚多少钱。但猝不及防的“波士顿倾茶事件”让一切幻想都化为泡影。独立战争爆发，倔强的美国人纷纷用喝咖啡来表明自己的政治立场。加上邻近巴西等咖啡主产区，进口咖啡相比茶叶便宜不少，北美地区的咖啡销量由此猛增。

“拓荒者只要有咖啡和烟草，就能忍受所有艰辛。”辽阔的西部，咖啡给了牛仔们无尽的勇气。印第安人也被深深吸引，但对他们而言，一件皮大衣往往只能换一杯咖啡。

“每当夜晚降临，士兵们总会围着熊熊篝火煮咖啡，把硬饼干掰碎扔进沸腾的锅里，吃完后裹着毯子和衣而卧或者再次冲锋……”这是南北战争中，联军方面经常出现的一幕。相比之下，南方的同盟军要可怜得多，因为真正的咖啡在南方很少见，他们只有蒲公英根、栎树果实和菊苣这些苦涩的替代品。咖啡成了最宝贵的军饷，据说每次北方获胜，咖啡的价格和交易量都会应声上涨。

19世纪后，工业革命的快速发展取代了之前自给自足的作坊生产。紧张的工作环境下，底层民众迫切需要充沛的精力，而非酗酒买醉。缓解疲劳的咖啡逐渐成为主流的生活方式。

现代咖啡商业

消费对应生产，巨大的经济价值让咖啡成为拉丁美洲种植园里的主角（同期的角色还有甘蔗）。这是典型的劳动密集型农业，人们砍掉雨林，获取肥沃的土壤，再从非洲买来奴隶从事相关劳作。日复一日，数不尽的苦难堆起种植园的繁荣，巴西成为世界上最大的咖啡生产国。各路商人和投机客蜂拥而至。危地马拉、墨西哥、越南、赤道地区的山坡……整个南北回归线之间，都渗透着对种植咖啡的渴望。

图 1–2：巴西的咖啡种植园

为了保持行业稳定，1881 年纽约成立了咖啡交易所。每天来自世界各主要港口的咖啡交易信息，都会以电话或电报的形式汇聚到这里。纽约、伦敦还有汉堡等地的银行家时刻关注着价格起伏。自然灾害、政治变迁、恶意炒作，各种不确定因素相互交织，咖啡价格如同过山车，开始了周期性的市场交替。

19 世纪末，大型咖啡烘焙机问世，但初期粗糙的工业化，让烘焙后的咖啡很难保鲜，商人一般不会对咖啡做专门的广告宣传。

匹兹堡的一个杂货商发现了其中的商机。他先是购进咖啡烘焙机雇人加工；然后又把当时流行的大包装，变为贴着商标和广告语、每磅一袋的纸质小包装；为了延长保质期，这个天才商人甚至发明出一种由鸡蛋和糖调配的保鲜剂，据说把它们涂在咖啡豆表面可以防止其氧化或受潮。

至此，我们看到了一个农产品成就巨大商业的所有前提：被人们广泛接受的价值和巨大需求，大规模种植保障的供应能力，再加上现代营销管理的雏形：标准化运营，品牌塑造，工艺研发，一系列围绕消费者的创新获得了巨大的市场成功。现代咖啡商业来势汹汹。

速溶，用便捷和效率响应需求

1941 年 12 月 7 日，日本偷袭珍珠港，美国正式宣战。为避免通货膨胀，罗斯福政府第二天就冻结了咖啡价格，同时把咖啡豆列为管制物资。

战争的消耗此时激发出巨大的需求，为了鼓舞士气，军方开足马力研发出铝箔包装的速溶咖啡。携带轻便、冷热水都能冲泡，这种简单高效的新产品很快成为前线生活的标配。二战结束后，作为对胜利者的追捧，速溶咖啡乘势在全球崛起。

速溶咖啡的勃然而兴并非一时冲动，因为从诞生开始，它就以极富前瞻性的姿态，戳中了历史转折的关键需求——便捷。

烘焙、研磨、蒸煮、过滤……咖啡制作必须经过一系列复杂的步骤才能完成。但即便如此，早期咖啡的口味却并不稳定。热衷理性的欧洲人设计出各种器皿来提升品质，严密的工序加上琳琅满目的设备，赋予了咖啡生活别样的仪式感和浪漫情调。

大约 1906 年，有人想出从咖啡液中提取晶体再冲调的方法，虽然这样不如现煮的精致美味，但即食速溶的优点很明显，同时成本大大降低。人们第一次不用专业的技巧和特别的耐心，就能随时随地享用咖啡。之后的第一次世界大战验证了其中的玄机：从马恩河到凡尔登，寒风冻雨裹挟泥泞，热腾腾的“速溶”咖啡给野外搏命的士兵以极大的慰藉。

如果我们将目光放在同时期别的行业，就能发现技术此时已经成熟，而消费理念也在同步变革。汽车大王亨利 · 福特发明了流水线作业，凭借这项变革，福特一共生产了 1500 万辆T型车（这个世界纪录持续保持了 45 年），汽车也从数千美元一辆的富人专属，变为人人都能拥有的大众消费品。

图 1-3：福特T型车

“单项产品，超级规模”，在这场形同颠覆的潮流背后，隐藏着一代企业家不懈的追求——用最低的成本制造最多的商品，取得最大的利润。机械化普及，企业组织日趋完备，配合城市的新一轮崛起，大工业生产让整个商业体系加速运转。咖啡也不例外，传统业态即将迎来整体跃迁。

雀巢的崛起

1938 年，经过长期实验，雀巢率先推出粉末状新版速溶咖啡。与过去靠萃取凝固晶体不同，这种新工艺是在高温环境中喷雾，直接把咖啡液处理成干燥粉末，再添加葡萄糖增强口感。全新的产品样式刷新了市场消费习惯，迅猛的技术进步更为生产效能带来了几何级倍增。

据调查，彼时全美 98% 的家庭都有喝咖啡的习惯。庞大的消费力加上铺天盖地的速溶咖啡新品的推广，让美利坚一跃成为全球咖啡销量最大的国家。实用和规模是围绕普罗大众的关键词，《时代》杂志这样评论：“强势的广告，低廉的价格，还有快节奏的生活方式都对咖啡消费形成了有力的拉动。”

图 1-4：早期的雀巢咖啡广告

任何以时代为坐标的创新都不孤立，它们会相互借力，彼此推波助澜。1945 年的胜利将美国人的积极进取推向了神坛。派克钢笔、尼龙丝袜、微波炉、雷朋太阳镜、芝宝（ZIPPO）打火机……这些肇始于斯的新鲜事物，都在一夜间成为世界各地的时尚典范。速溶咖啡也是如此，除了自己流行，它还带动了“咖啡自动售卖机”的风靡——只要几秒钟，香浓扑鼻的咖啡就会流入一个纸杯（今天我们依然可以在很多写字楼看到这样的场景），这让崇尚效率和时尚的美国社会大呼过瘾。便捷在最大程度上定义了产品属性，“第一次咖啡革命”应运而生。

同时兴起的还有“咖啡休息时间”——1952 年，泛美咖啡组织在拉丁美洲（咖啡豆的主产区）的资金支持下，运用广播、报纸等媒体，向社会宣传“给自己一杯咖啡的时间享受轻松生活”的理念。各阶层纷纷响应，公司、医院甚至礼拜日的牧师交谈，都专门开设“咖啡休息时间”，甚至长途司机也被要求在驾驶途中停下来喝杯咖啡以缓解疲劳。这场以关怀为名的营销活动中，消费行为伴随着社会旋律，约定俗成又悄无声息地占领了大众心智。

环境孕育需求，需求推动创新，创新助力环境再次变化。而变化，又同时推动新的需求。时代假手于人挥舞天赋，对需求迅速洞察和响应的商业形态毫无疑问正再次占领高地。

“鄙视链”的裂变

欧洲大陆正从废墟重建中恢复元气，此前饱受战火影响的咖啡文化再度兴起。老牌帝国是挑剔的，“贵族们”执念于古典和优雅。除了英国部分区域和雀巢的故乡瑞士，其他地方的大陆人更喜欢将烘焙好的咖啡豆买回家自己研磨冲泡。无论品质、口味，或者仪式感，他们都坚定地认为，这才是正统咖啡应有的样子。

生活主张可以有不同，但对话语权的争夺却有强弱。战后，好莱坞梦工厂在时尚领域展现出非凡的影响力，很多欧洲传统品牌要靠好莱坞的影星“带货”才能重拾媒体注意。此外，强大的物资生产能力让美国成衣制造独步天下。人们发现，相比华丽冷艳，舒适轻便的衣着才值得倡导。设计师针对年轻人对城市生活的喜爱，陆续推出运动、休闲等不同的美式风格。时至今天，很多T恤和卫衣版型其实都源于那个时期。

一切突出简单实用，这似乎是那个时代主流事物的整体风尚。美国占领军把自己的喜好带到了东京。热心西化的日本人展现出一丝不苟的学习态度。很快通用食品和雀巢都在这里开设了工厂。随着技术的演进，1969年上岛咖啡公司（并非中国的同名连锁店）还引入罐装咖啡生产线，其中的“加奶咖啡”因为成分多样，口感顺滑，现在看来似乎更像是咖啡饮料。

也是在这一年，互联网在美国的几所高校诞生，当时的人们一定想象不到，世界将因此变得多么不同。同样是这段时期，日本经济在复苏中实现了近20年的高速增长：方便面、盒装纸巾、安全气囊、卡拉OK……

在这里，我们看到新一波生活方式再次集中出现。快速创新释放着令人着迷的裂变，在速溶咖啡之外，针对不同喜好而风格多元的各式咖啡店开始蓬勃出现。

便捷和效率似乎总是品质的反面，至少在那个时代不得不如此。速溶的高歌猛进，背后却面临着对不唯品质论高低的发展模式的质疑，原因显而易见，为了降低成本，速溶咖啡生产商千方百计榨取咖啡豆中一切能溶于水的成分：因为过度萃取，味道偏苦涩，再人工添加各种香味（如咖啡伴侣“奶精”等）来掩盖缺陷。这让最终获得的产品丢掉了本源的自然醇香。品质缺失成为速溶咖啡市场竞争的最大软肋。

除了工艺，原料也是影响品质的重要因素。今天全世界有 120 多个咖啡树种，阿拉比卡和罗布斯塔是其中最具代表性的两种咖啡豆。人们经常拿它们比较：前者品质一流，但平均收获期 4 年以上；后者虽然口味偏差，但从种植到收获只要两年，再加上耐高温、抗病等特点，生产成本可以大幅降低。在价格比口味更重要的“速溶”逻辑里，罗布斯塔自然成为阿拉比卡的有效替代品。

图 1-5：阿拉比卡和罗布斯塔两种咖啡豆

为改变粗糙低劣的产品印象，1964 年通用食品旗下的麦氏咖啡率先使用冷冻干燥法制作速溶咖啡。这种方法摆脱了“干燥喷雾”和

“凝聚增香”两种工艺生产时高温干燥对咖啡豆造成的品质伤害，最大程度保留了炒磨的香浓，时至今日依然被广泛采用。

产品开发是最朴素、最本能，也最富生命力的创新。它体现为对人性的洞察，对时机的拿捏，对多样存在的甄别。凭借技术进步，以“速溶”为代表的第一次咖啡革命生机盎然。

差异化的设计力对应着出众的生产。新旧交替，谁能定义主流？谁在默默坚守？在特定的发展阶段，便捷和低价对效率进行了最恰当的定义，但对品质的刻意忽略，也为日后咖啡商业的起承转合埋下了伏笔。

连锁，从产品到体验的创新

有人说，咖啡馆是个神奇的地方，因为在这里，人们既能品尝孤独，又能获得陪伴。有人说，咖啡象征着态度，尽由自己喜欢，不排斥传统，也不轻易被左右。是的，当深度烘焙的阿拉比卡被仔细研磨，当浓缩咖啡液对撞到高压蒸汽和奶泡，过往的一切烦琐和低廉仿佛顿时烟消云散，标准化复制便以前所未有的姿态出现在市场中央。

浅焙到深焙，风尚的踩点

按照行业标准，咖啡豆按烘焙程度可分为浅焙、中焙、深焙等不同阶段。一般情况下，烘焙程度越高，咖啡豆的颜色越接近黑色，其本身的质量损失也越大。

为了减少因烘焙而造成的质量损失，同时节省加工时间和燃料成本，在一段时间里，烘焙商们对咖啡豆越烘越浅，一些从业者甚至混入大量仅仅经过晾晒处理的咖啡豆来充数。因为原料本身半生不熟，由此磨出的咖啡自然也口味酸涩，人们只得稀释或者添加大量的糖和奶精再饮用。

图 1-6：咖啡豆的浅焙、中焙和深焙

“二战”结束后，经过洗礼的士兵们陆续退役并回归社会，他们自然也把之前熟悉的口味带到了生活中。还是出于节省成本的考虑，烘焙商顺势倾销这种没有烘焙完全的咖啡豆，而美国的咖啡销量居然逐年递增。时日一久，除了少数业内人士，大部分消费者竟然不知深焙的新鲜咖啡为何物。

咖啡界的传奇人物艾弗瑞 · 毕特要登场了。这是一个荷兰裔的美国人，父亲是咖啡烘焙师，因为家庭原因，毕特从小就在咖啡环境中长大，并因此习得了欧洲烘焙和配豆的技法，后来移民美国，曾就职于一家咖啡烘焙厂，但因为反对罗布斯塔豆等劣质咖啡豆而与老板发生争执，被炒鱿鱼后愤而出走。

图 1-7：艾弗瑞 · 毕特与毕兹咖啡

1966 年，身怀鸿志的毕特在西海岸的旧金山开创了毕兹咖啡（Peet's coffee and tea）。不同于流行的浅焙咖啡，毕特坚持使用深度烘焙的阿拉比卡豆现场研磨，同时增加冲泡浓度。这样的咖啡口感丰富醇厚，经常会让味蕾有一种被惊艳的效果。很多欧洲移民对此表现出强烈的喜爱，有人甚至形象地称其为“入口会开花”。当然，并不是说浅度烘焙的咖啡一无是处，很多精品咖啡就以浅焙和明亮的果酸口味著称。只不过不同时代有不同喜好，在特殊环境下踩准节奏的毕特将崇尚深焙变为社会风尚，5 年后创办的星巴克正是据此走上成功之路。

标准化成就连锁巨头

“Buon giorno！”（早安），霍华德·舒尔茨刚进门，迎面的服务生便热情地用意大语打招呼问候。这是1983年米兰一家咖啡馆的普通清晨，时任星巴克营销经理的舒尔茨正在欧洲出差，很多年后他回忆起那场景依然历历在目：“屋子里人们谈笑风生，服务员一边有条不紊地研磨咖啡豆，一边优雅地打着奶泡，浓缩咖啡机缓缓流出冒着热气的金棕色原浆，牛奶浮动继而散开，香浓的卡布奇诺瞬间让人心旷神怡……我体验到了一种社区感和人与人之间的连接。”

当时的意大利大约有20万家类似的咖啡馆，那么为什么星巴克不能也这样呢？受到启发的舒尔茨一边满怀信心地盘算新计划，一边急匆匆赶回西雅图，他要开一家风格轻松的意式咖啡店，创造家庭和工作之间的“第三空间”。

方案上报，星巴克的合伙人却否决了这项提议，管理层更希望集中精力做整豆咖啡。舒尔茨不肯罢休，试营业、拉投资、招团队，几经周折，到1986年4月，终于按照自己的想法开了一家咖啡馆：馥郁的意式浓缩，细腻舒缓的卡布奇诺和拿铁，人们突然发现这里的味道和别处不同。为了更好地适应美国人的口味，舒尔茨特别对产品配比做出调整；同时，为了让顾客的停留时间更长，还增加了桌椅等设施，并把店内背景音乐换成爵士。一连串的改进受到市场的空前认可，舒尔茨据此一鼓作气，说服自己的投资人在1987年反过来成功将星巴克收购。

图 1-8：第一家星巴克咖啡店

一系列举措成就了首家销售滴滤咖啡和浓缩咖啡饮料店的成功，但如何将此成功地大规模复制，这是星巴克，也是此后所有标准化生产的企业需要考虑的难题。

20 世纪 80 年代，连锁经营已然在世界各地展现出强大的商业价值。产品服务质量、物料采购、营业时间、店面装修……涉及经营的方方面面，都在以标准化的原则进行复制和管理。据统计，当时美国平均每 6.5 分钟就有一家连锁店诞生。包括麦当劳、肯德基等在内的企业都通过类似的方式获得了腾飞。而 1974 年被引入日本的 7–ELEVEN 便利店①，更是乘此东风一跃成为零售业巨头，到了 2003 年，仅日本本土就发展到 10 000 多家分店。类似的全家便利店，甚至

① 日本连锁便利商店集团，在中国台湾、中国大陆、泰国、韩国及美国也有连锁店。——编者注

在很多年后还孵化了自己的独立咖啡品牌——“湃客咖啡”。

管理理论的成熟和连锁经营实践的成功为星巴克的版图扩张提供了机会，为了迅速扩大规模，舒尔茨聘请了MBA（工商管理硕士）和有连锁经验的人才，为公司建立起一套电子管理系统，同时还从各大快餐公司挖来管理人员实践高效集中的经营理念。员工在上岗前，都要经过专业咖啡知识和销售技巧的统一培训。他们要学会，在特定时间里用最快的速度，调配好一杯合乎品质要求的咖啡，并且准确得体地交到顾客手中。

授权加盟固然可以让星巴克的规模迅速扩大，但除了机场、书店等需要特批的场所，舒尔茨还是坚持采用直营方式，因为这样更有利于对品控的把握。同时通过统计学对客户分布进行研究，继而科学准确地选择开店地址。统一采购，统一烘焙，统一配送。快餐式的连锁经营一方面降低了成本，另一方面也让产品的出错率变得很低。

第三空间

市场对咖啡的认知在逐渐加深，咖啡馆的香气和音乐总是让人流连忘返。既能彰显身份，又能自由闲谈，中产阶级和青年白领突然发现，这些连锁咖啡店正是家和办公室之外的第三个去处，自由职业者甚至还在这里找到了低成本的工位。

“第三空间”这个概念的原始理论在于阐述可以隔绝工作、家庭忧虑的非正式公开场所，对于培育城市自由、活力、开放、平等的人际关系和氛围具有重要的意义。而星巴克恰如其分地将这种社会性意义赋予咖啡消费场景。从提供咖啡豆或咖啡到提供服务和体验，商业附加价值的大幅度提升，产品就不仅仅体现为交易价值。

图 1-9：咖啡馆成为“第三空间”

这时期的欧美等地，除了星巴克，还涌现出咖世家等一批类似的咖啡连锁机构。从商超到酒店，从航空公司到跨国邮轮，咖啡连锁的触角日益扩张；一次性咖啡纸杯便捷时尚，即拿即用；咖啡可乐、咖啡啤酒、咖啡冰激凌，各种跨界混搭的衍生品一再流行。但人们总认为，再多的创新如果连锁也是整齐划一的复制。是厌倦，审美疲劳？还是真的意义匮乏？伴随着挑剔和质疑，“第二次咖啡革命”在连锁经营中臻于完成和大规模实践。

精品，对品质和美学的追求

1999年，加吉亚（GAGGIA）发布了一款可以制作意式浓缩咖啡的全自动咖啡机，它的特点在于只要点击按钮，就能实现从磨粉到热水冲煮的全过程。近似傻瓜操作的技术创新似乎让咖啡师变得不那么重要。

但手艺人拒绝向机器妥协。他们另辟蹊径，根据不同咖啡的特性潜心研究品质的本源，原料甄选，个性化烘焙，研磨粗细度，口味层次，人文传承……咖啡师把全部力量都集中在对美学和纯粹的执念上，以精品咖啡为代表的"第三次咖啡革命"如是走来，席卷全球。

价值俯视

精品咖啡极力忠实咖啡本身的特质，追求不加修饰的原产地风貌。水土气候、咖啡品种、种植方式、烘焙程度、萃取方法……任何可能对咖啡本源的口味产生影响的因素都被重新量化评估。为了最大程度地保留咖啡的丰富口感，咖啡豆的烘焙程度普遍降低，同时最大限度地降低人工干预，不添加糖、奶等其他成分修饰……在此背景下，容纳香、甘、醇、酸、苦多重特征的黑咖啡成为精品咖啡的主流。

很多时候，人们经常拿精品咖啡和红酒做对比。首先，它们都具备高溢价能力：精品咖啡大多采用小型手动设备。相比之前冰冷的机械化操作，“手冲服务”用极富仪式感的定制体验，把人的价值凸显在顾客面前。咖啡馆的客单价和整体营收由此提高。

其次，二者都讲究产区、庄园等地理IP① 和文化传承：尤其是那些最能体现原产地特征的“单品咖啡”和“庄园咖啡”，因为可以精准溯源，所以也更受青睐。

另外，精品咖啡还拥有一套类似红酒的杯测体系，包括咖啡豆的保鲜期、冲煮水温、时间，甚至咖啡杯的选取都有严格的范式。这给了真正喜爱咖啡文化的人一种可以俯视的价值依据。

比较具备代表性的精品咖啡一般都有自己非常明显的特色和价值主张，有的注重鲜明的风格调性，以高超的烘焙技术吸引顾客，有的率先提出先进的贸易理念，促使培育好的咖啡最大程度地保留原产地的风味，还有的拥有独立的咖啡实验室和培训中心，主营咖啡教学和烘焙咖啡销售。

---

① Intellectual Property的缩写，意思是知识产权（全称为Intellectual Property Right）。近年来最先于网络文学领域被人熟知。随着互联网的介入，IP的产业链也逐渐衍生到影视、游戏、周边商品等领域。——编者注

生活在别处

2010 年诞生的蓝瓶咖啡（Blue Bottle）被誉为咖啡界的苹果公司。这是一家被谷歌、推特（Twitter）等科技企业投资的咖啡连锁机构，不同于星巴克的生产线规模复制，蓝瓶咖啡选择从小众市场切入，把目标人群锁定为在意细微口感的资深食客。产品方面，蓝瓶咖啡宣称只选用单一品种的原产地咖啡豆轻度烘焙。因为是手工现冲，顾客在这里等一杯咖啡的时间明显加长。但在繁忙的都市生活中，任何以高品质为目的的耗工费时都显得独特而奢侈。

图 1–10：蓝瓶咖啡门店

相比主打社交空间的星巴克，蓝瓶咖啡更希望为消费者营造可以沉浸其中的餐饮环境，没有打折促销，也没有免费网络，他们希望顾客能和咖啡师互动交谈。而在店铺的选择方面，虽然是连锁，但蓝瓶咖啡会花更多精力来设计不同的风格主题，力求每间咖啡馆都和所在地的文化融合，再进行差异化演绎。虽然品牌统一，但每家店却彼此独立，和而不同。

图 1-11：纽约艾斯酒店的树墩城咖啡

这不免让人想到“在地性”。作为专注本地文化的流行趋势，目前很多新兴的精品酒店和连锁集团都不再刻意追求标准化的规模增长，而是更关注深耕本地文化。纽约艾斯酒店（Ace Hotel）之所以会成为纽约客爱去的热门地点之一，要归功于它附属的精品商店与餐厅，除了著名的“开幕式”（Opening Ceremony）和 8 号项目（Project No.8）两间设计精品店，这里的海鲜餐厅 The John Dory、英式酒馆 The Breslin，以及专卖潜艇三明治的 No.7 Sub Shop 也都相当著名，艾斯酒店的酒店大堂是集合共享办公和年轻人社交的根据地，咖啡爱好者则可以去一楼的树墩城咖啡（Stumptown Coffee）一品精品咖啡。

连锁并不必须，个性却一定保证。只有独特内容才能获得真正高效的流量。东欧的修道院风格、伦敦东区的潮人风格、纽约的社交圣地……人们可能很难想象，就是因为设计、管理的因地制宜，同一家连锁酒店可以在不同的地点表现出如此多的不同。这或许解释了什么叫作“生活在别处”。

势能合谋

如果我们对这段历史抽丝剥茧，会发现只要社会在向前发展，必定会出现商业环境和消费需求的变化，而相应技术或管理技能的匹配，便会成就一批有强烈洞察力的企业，它们由需求出发对产品重新定义，制造或迎合社会风尚，并创造出交付价值的不同方式，由此，我们才会看到如此鲜明的每一次咖啡革命。

从 19 世纪末到 20 世纪中叶，最迫切的需求是大规模供应，伴随着机械化普及的技术支撑，便捷和效率成为最大的行业痛点，速溶咖啡应运而生，为了降低成本而被刻意忽略的咖啡品质，换得了咖啡在世界范围内的迅速普及，也为下一次咖啡革命埋下了伏笔。

从 20 世纪 60 年代开始，随着物质的丰富，人们希望标准化能够统领高品质的生活。更重要的是，喝咖啡成为一种以社交为主要目的的综合体验，人们对咖啡的理解开始向更宽的维度延伸，此时科学管理已经有能力进行产业覆盖，以连锁经营为代表的第二次咖啡革命继承了上一次行业变革开拓的市场。

及至 21 世纪，致力于回归品质本源的精品咖啡成为第三次咖啡革命的主要特征。便利和普及，逐渐让位给具有辨识度的美学体验。轻焙和手工冲调的名义是独特品味和生活态度。人们把注意力更多地转向“美学体验”，之前的实用功能退居其次。咖啡馆不再只是社交的代名词，更象征着精致多元的生活方式。咖啡馆已然成为城市地标、复合空间和时尚品牌的标配。

咖啡产业的变革并非线性，因经济周期、地域不同，时尚的定义也各成方圆：商超旅店有速溶，写字楼底商有品牌连锁，城市角落又很可能隐藏着某个网红手冲店。不平衡的发展路径，使不同咖啡业态在复杂场景下相互交叉。

如果将目光转向另外的行业，便能发现相似的发展路径，服装、家电甚至房产、文旅，几乎都经历了从追求规模，到追求品质，到追求服务，再到创新，最后都无一例外地开始追求体验。

从商业发展路径看，商品发生重大价值提升的转折点，在于其承载的不仅仅是交易价值，而是提倡或者顺应新兴的生活方式，通过产品或服务让大众感知，创造出直达内心的体验和共鸣，表达出大众内心最深处的美好期许。

从组织发展角度看，能提供这种价值的企业，先感知人们对不同生活的向往，这种向往可能基于以往的提升，或者返璞归真，或者更加多元，总之，他们发现新的意义所在，灵活运用创新，实现价值交付。

生活的无限总是能造就商业的无限。当新的人群出现、新的生活方式兴起、新的审美体系搭建、新的社交语言诞生，而技术，以及技术的深层应用蓄势待发，一切又将被重新定义。

第二章

咖啡新零售，数字商业逻辑的重构

大道汜兮，其可左右。万物恃之以生而不辞，功成而不有。衣养万物而不为主，常无欲，可名于小；万物归焉而不为主，可名为大。以其终不自为大，故能成其大。

——《道德经》

无关咖啡的咖啡新零售

加速度的刷新时代，在我们还没有找到替代“大确定性”“黑天鹅”的词汇时，相应的案例便已出现。还没来得及感叹新零售颠覆传统零售只用了 3 年时间，新纪录便已经出现——拼多多的 34 个月，瑞幸咖啡的 19 个月，似乎总能在互联网这块共有之地，在巨头跑马的缝隙，眼见新物种以蓬勃之势熠熠生辉。

我们可以看到和以往完全不一样的现象和逻辑：增长非线性，甚至非指数型，变化不可测。我们似乎又在进一步的追本溯源中，看到了隐隐的进化逻辑：数字化时代，新零售更加清晰的面孔。所有变化的背后不变的是对美好生活的强烈追求。当数字化作为生产力要素出现时，对这种需求最强烈、最迅速的响应和满足能力是什么呢？

ID，新零售的起点

传统零售运营有 3 个特征：品牌依赖外部渠道，用户一次性购买，用户消费数据无法转化为品牌自有数据。而在移动互联网时代，每个用户都拥有自己的ID，这个ID成就了新零售与传统零售的本质不同。

用户使用ID完成的任意一次消费，都是有记名消费。不仅记录其所购买的产品，还记录了包括个人信息、物理地址、消费偏好、社会关系等数据，有记名消费成为用户数据收集的原点，也成为新零售数字化能力的起点。最重要的是，用户的长期消费会持续沉淀形成一个消费档案，这是用户和品牌之间的一种全新关系，品牌对于每个用户的消费全流程，可通过数据进行追溯、沉淀、运营和再开放，这对零售业态产生了至少 3 个真正意义上的实际价值。

价值一，全渠道融通，真正的线上线下融合。线上线下，通过数字化运营形成真实的流量和业绩增长，并通过全渠道数据融通形成流量闭环，而非线上线下的相互导流。

价值二，用户数据化，真正可运营的用户体系。通过数据能力，筛选目标用户、识别忠诚用户，以深度个性的体验服务和精准运营的会员体系，沉淀超级用户。

价值三，供应链打通，真正的数字化智慧运营。基于数据能力，形成短链高效的供应链体系，千人千面的产品研发、渠道网络、门店布设等，从而实现产品和服务的个性化满足、效率化响应和及时性调整。

ID是新零售的模式起点，数据和算法决定模式效率，用户运营体系是增长能力的核心。第四次咖啡革命的新浪潮，也必然遵循着新零售朴素而深刻的商业逻辑，完成着咖啡行业的数字化转型。

无关咖啡的咖啡新零售

咖啡行业已经经历的 3 次商业浪潮，更大程度上可以被定义为咖啡体验方式的系统性更迭，每一次浪潮都是一次关于咖啡消费的生活方式演进。而数字化能力推动的咖啡新零售，所引领的第四次咖啡浪潮，其实无关咖啡本身，本质是数字商业对咖啡行业的根本性改变，是以咖啡作为数据入口形成的商业范式转移。

基于此来看待星巴克在中国业务的商业选择，开放微信支付，与阿里达成战略合作，包括接入饿了么外卖、打通会员体系、入驻盒马鲜生、开放数据入口等，其实只能视作对商业模式的局部改造，而非彻底的新零售转型，判断的唯一性标准在于，用户是否成为可运营的数据资产。

由数据能力形成供应链的短链高效，由数据能力整合的线上线下全渠道体验，由数据能力完成的精准运营和业绩增长，最终需要通过用户数据资产的可运营实现商业模式闭环。

“资本青睐的，不是一杯一杯咖啡的利润，而是中国大城市 27 万年轻中产的大数据。”

这是资本看待瑞幸咖啡的视角，也是理解以瑞幸为代表的新零售商业模式的核心价值。

但不可回避的是，商业模式的想象力无法验证经营效果的真实性。在以数据为芯片能力的咖啡新零售模式中，核心经营指标被重新定义。

其一，线上订单收入将计入坪效[①]指标。传统坪效的计算公式是“坪效=线下总收入 ÷ 单店总面积”。在新零售模式中，线上线下业态的融通，尤其重点围绕线上新业态形成的多元运营和业绩增加，坪效公式更完整的组成应该是“坪效=（线下总收入+线上总收入）÷ 单店总面积”。并且毋庸置疑，线上运营能力对坪效的贡献绝对呈指数级增长。

其二，人效因精准化运营得到更大程度提升。传统零售在扩张规模时，由于受制于运营管理能力，店长和各环节的管理人员往往是快速扩张的瓶颈。而基于大数据和算法模型的供应链能力和运营能力，极大地解放了对人员数量和个人经验的依赖，人效极大提升，运营成本极大下降。例如自动补货系统，降低了对店长决策的依赖性；自动派单系统，最大程度优化了配送效率。

其三，用户裂变效率应计入经营指标。可以看到，通过社群运营、导购运营、拼团卡券等一系列方式，完成用户连接和增长效率的提升，成为重要的用户运营手段，因此在以“用户资产”为远景目标的新零售模式中，它也必然应该被作为最重要的经营指标之一。它无法作为营业收入被具体而准确地量化，但它是撬动营业收入和判断商业成长性的重要依据。

从零售看数字化经济

通过零售业态的模式转型就可以理解，数字技术在很大程度上正

① 坪效，指每坪面积可以产出多少营业额，是衡量商场经营效益的指标。——编者注

在成为构筑商业世界的基础设施。它以重新做一遍的姿态参与到商业创新，目力所及，影响覆盖产品研发、服务体验、链条供给等企业经营的方方面面。在新零售领域，用户的消费动线通过数据形式被积累，并沉淀为特殊的动力和能源。受此驱动，产业链被打通，人们开始普遍从平台和生态的角度梳理行业认知。

在迅速的行业变革和产业变革中，物联网、云计算、大数据、人工智能等信息技术全方位深入各领域。当进入万物互联的新生态，便会发展出从人类世，到城市世，再到数据世的基本单元变化，数据成为理解世界的基本单元。今天终端恒定的单元是数据，对于自我身体的探索、对于城市本身的解剖都在运用算法和数据，以数据为最基本的单元来理解这个时代的人，去理解这个时代的商业，我们会获得很多不一样的启发。

受智能驱动的影响，几乎所有过去未被市场满足的需求都开始蓬勃涌现。全新的商业模式和消费场景，孕育出全新的流量表达、关系表达、需求表达和价值表达。技术崛起且日益深刻地改变世界，以碎片化、场景化为特征的颗粒度时代，驱动商业关系的既有角色进行范式转换。

层出不穷的新想法、新品类、新平台总是千方百计地尝试连接用户最微小的需求。而正是这种连接，让新的造物者在激烈的市场竞争中，总能找到新的流量、新的商业模式、新的消费方式和新的应用场景。不断崛起的新物种，一次次刷新人们对商业规则和场景算法的认知。

全链路数据驱动

智慧零售时代，以效率和信用为名义，数据能源成就透明化链接。“不对称”被打破，“客户端、门店端、供应端”被打通，“用户、产品、渠道”彼此赋能，无界融合成为企业扩张的逻辑原点和驱动单元。

甫一开始，瑞幸咖啡就在每杯饮品、每家门店、每位咖啡师、每次下单、每个选品中，彻头彻尾地注入数据的能量。这样的全链路数字化，成就了瑞幸咖啡在发令起跑时的深厚势能，也让每一次可能的用户触达变得更高效、黏合度更高。一如创始人钱治亚引用公司投资人的一个比喻，“100 英里[①]每小时对奔驰来讲一点都不快，但拖拉机开到这个速度可能已经散架了。”

这是一次全链路数据驱动的先进模式对传统行业瓶颈的“升维超车”。

① 1 英里约为 1609.34 米。——编者注

透明化推动认知匹配

2019 年 5 月举办的“瑞幸咖啡全球合作伙伴大会”上，一个“小蓝杯”形状的瑞幸咖啡成本结构示意图，再度展示在了观众面前。原材料、人力、店租、运营……每个部分占比的高低变化意味着什么，业内合作方心知肚明，消费者也自有考量。

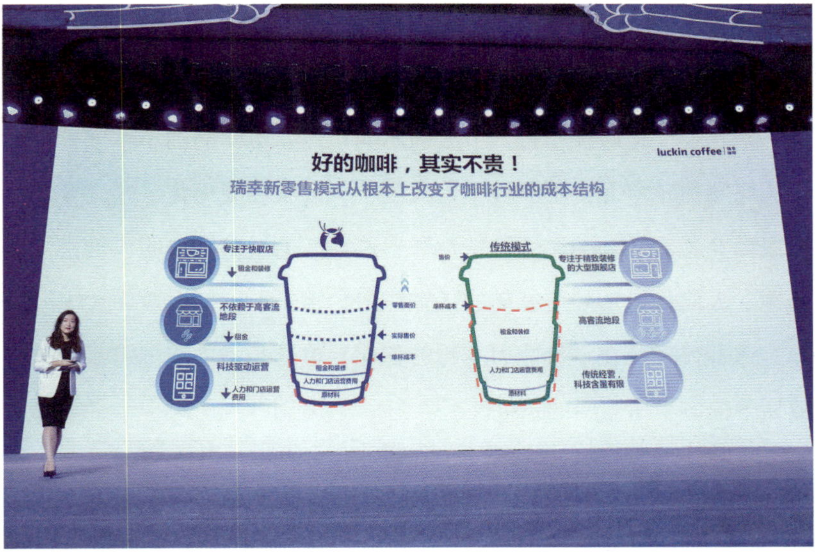

图 2-1：瑞幸公开咖啡成本结构

哪怕 99%都是品牌溢价，也要建立在 1%的透明的基础之上。与消费者相关的每个步骤都要百分之百透明，做不到这一点就很难与用户完成连接和交互。

磨豆、冲调、打包……从一颗咖啡豆到一杯香浓的饮品，有人在吧台旁亲身感受咖啡制作，有人在手机端观看线上直播。看得见，查得到，这是瑞幸咖啡的日常。把产品制作的全过程都展示出来，这种透明的自觉，关乎消费者的生活品质和身份认同，同时也是企业供给能力的优化和校正。

几乎可以肯定，数字化发展得越迅速，大众对知情权的呼声越大。在互联网的世界，一切行踪都会以数据信息的形式被记录。经过汇聚链接，可以变为能源，可以设计出最符合效率真相的系统性解决方案。对企业来说，这是运营和决策的透明。对用户来说，则是消费功能的基础需求与身份认同。

个性规模化时代，每一个人的不同切面、不同的细小维度，以数据为终端恒定单元，不断被平台规模化、被服务规模化，这是今天及未来商业主流活动的调性、特性和普遍性。通过信息透明、价格价值透明、人格价值透明所推动的认知匹配，定义了敏捷高效和大规模协作，这不仅反应在定价能力本身的变化，也是基于供应链、需求链完成新解决方案所需要的系统性。

咖啡全链路数据驱动

瑞幸咖啡的新零售模式以技术为核心，基于客户行为数据和交易数据，不断强化用户端、门店端和供应端的高效打通，实现高效运营、快速扩张的同时，有效品控并优化客户体验。

相比传统模式，新零售的成本交易结构，自诞生之日就建立在大数据和物联网基础上，而非简单等于“外卖+移动支付”。成体系的平台建设，尤其是供应链的智能搭建，才是新零售的底层逻辑。

从这个意义上说，新零售咖啡更多意味着供应链改造和用户交付的系统性革命：通过大数据和人工智能，使消费者需要的商品以最佳的品质和服务，最高效率在供应商、各销售渠道、仓库、门店间通达；产品品质、用户便利性、企业经营成本达到完美平衡。

这是一套涵盖生产、物流、消费者行为分析的数据智能决策系统，最终实现的门店和用户这两个正循环飞轮：积累的数据越来越多，分析决策就越来越精准，采购量就会越来越大，拿到的价格便越来越低。

● 与客户建立密切关系

瑞幸咖啡发展至今，通过自有App（智能手机应用）覆盖客户全购买流程，提供100%线上无须收银员、无须现金的支付环境。这种强大的链接，从用户下载App消费第一杯咖啡起，就开始对消费行为数据和交易数据进行收集分析，并随时随地与用户互动，以支撑产品和服务的迭代。

从冷启动拉新、分享裂变、用户留存到后续唤醒，近两年来瑞幸咖啡用户运营诸多打法一直广为业界传道。每个新用户，从看到朋友圈LBS[①]广告、线下分众广告的“第一杯免费”，到下载App体验并第一次分享出优惠券，便进入了一个与瑞幸咖啡不断进行数据交互的连接过程。

---

① LBS, Location Based Service，基于位置的服务。——编者注

而基于越渐丰富的数据和数字化的用户，瑞幸咖啡与客户建立密切关系的玩法也在不断迭代加深。2019 年新推出的“百万大咖”活动，一周消费 7 件商品便可参与瓜分 500 万现金，通过好友组队功能及用户排名，刺激用户参与并进行社交传播。

在瑞幸咖啡丰富产品线，上线轻食、午餐、小食、小鹿茶等之后，用户领取的红包不仅基于消费行为数据会有动态的折扣调整，且会引导用户去尝试可能匹配的新品类商品，加强交叉销售。同时有助于调整 SKU（库存量单位）和制定门店扩张计划等。

● 门店管理

传统餐饮业要花费大量的时间培训店长的订货能力，随着数字系统的介入，包括同期销量对比、天气影响、未来促销等内容，都可以被机器学习。企业通过数据算法，不断训练优化自身的订货能力，由此自动形成的订货数据也更加高效精准，这对店长不仅是解放也是提升。

瑞幸咖啡的“智慧门店”逻辑，实现了智能派单、智能订货、智能品控与智能营销，每家店长主要把精力集中在员工培训和标准化服务上。如果某家门店的订货在短时间内突然激增，系统会将订单自动分配到旁边的门店；店员分配（多少专职人员，多少兼职人员，何时来何时走）也会根据业务量的起伏由系统来调节。总部可以实时监控每家门店每台机器的运转情况，对可能出现故障的设备进行预警或追踪，智慧链接为集约管理提供指引，这是极具想象力的信息整合。

智能营销是全新的游戏规则，传统咖啡店长即便拥有 10 年经验，可能也不会了解所有用户的喜好和需求。但通过DMP（数据管理平台）的系统整理，在用户和数据积累到一定程度后，就可以对消费者做到千人千面的识别。由此而来的运营模式和生长模式变化，都与以往完全不同：成本大幅降低，效率显著提升，用户体验也变得更加友好。

● 库存和供应链

在“瑞幸咖啡全球合作伙伴大会”上，瑞幸咖啡宣布了将在2021年底建成1万家店的战略目标。除了先进的技术系统和强大的团队之外，充分高效的供应链协作也是重要一环。

有观点认为，这个时代要在消费端取得成功，必须在起步阶段就把供应端所有链条的数字化在多层次、多维度中，进行结构的最大优化。瑞幸咖啡通过短短的时间就改变了原有的链条机制，基于数字化的逻辑实现消费端场景。

瑞幸咖啡在用户和门店层面的数据积累，又反哺在库存和供应链的智能化上，体现在3个方面：准确的需求预测；智能化补充库存；损耗的不断降低。这些能力推动瑞幸咖啡可以向供应链不断深入，拓展更多的想象空间。

按照传统的零售渠道逻辑，瑞幸咖啡的开店速度的确过快，一年数千家，不符合常见规律。但如果是根据信息系统的反馈进行布局，并整合功能侧重不一的门店，游戏规则就完全不一样。门店不仅是体验店，还是外送起点，是未来智慧门店，是前置仓和物流配送的网络节点。

数字技术不是新物种，但却是推动新物种形成的基础要素。通过数据挖掘和分析，门店、产品、资产、用户、渠道、工艺；产品品质、用户体验、经营效率……所有产业链条和经营元素都被重构和提升，管理决策进行着一种全新的意义表达。它不仅表现为大数据和物联网的逻辑起点，同时也构筑着当今时代全新的商业话语体系和权力结构。

消失的第三空间

移动互联网普及，大规模社交网络的贯通，不同文化之间的交融便会滋生出看上去前所未有的语言形态。当乡镇青年发布的“土味视频”以强烈的自我表达融合在互联网文化中，以其具有流行基础的特质，与以往主流的、城市青年一直接触的文化完全不同的土味质感而传播起来，这种土味质感的流行，在重新定义一种不同以往的审美态度和审美符号。作为圈层标签，这种价值反差可以快速切换到日常消费中。在彻底的大众社交网络化之中，我们看到人格透明也作为审美形态出现。各路网红相继崛起。安迪•沃霍尔说，每个人都能成名15分钟。只要有态度有主张，就能被放大被认同。

从第三空间到无限场景

体验店正在复活。杭州银泰的天猫国际线下体验店、京东曲美时尚生活体验馆、亚马逊实体书店Amazon Books、加拿大知名在线奢侈品零售网Ssense的线下旗舰店、日本著名的潮流百货店碧莱斯（BEAMS）旗舰店、私人化的零售体验买手店The Apartment by The Line公寓买手店……线上的应用，以及线下的渠道都在场景化，我们需要重新认识空间。各类网红打卡圣地的火爆，意味着所有行为都关乎高颜值的社交场景，那些最有呈现效率的时尚容器，也成为流行消费的内容出口。

图 2-2：书店成为新晋网红打卡地：厦门十点书店与言几又成都凯德天府店

咖啡场景的第三空间，曾经是重要的社交场景。但对于移动互联网时代、数字化时代、社交网络时代而言，空间的功能概念和定义完全被打破，社交、互动、消费都在互联网上融合发酵。随着用户需求越来越多样易变，空间价值已不能满足用户多元的内容诉求，需要让咖啡去找人，而不是让人去找咖啡。咖啡应该融入人的一天 24 小时不同的场景，应该融入办公、学习、出行、休闲、娱乐等各种场合。

2018 年 5 月 8 日，瑞幸咖啡宣布品牌愿景和公司定位，正式发布“无限场景（Any Moment）”的品牌战略。与此前传统连锁咖啡品牌宣扬的“社交空间”理念不同，瑞幸更强调在移动互联网时代满足消费者不同场景的需求。这是颇具破坏性创新意味的品类定义。

图 2-3：瑞幸咖啡品牌战略发布会

场景的概念完全不同于空间的定义，只有用无限场景，才可能去满足数字化个体下颗粒度更小的需求。根据不同场景开出的不同门店，时尚、年轻、数字化和面向未来、人脸识别、刷脸支付、语音点单、机器人制作，给顾客提供有限空间和快速服务。瑞幸咖啡的新零售体系内，外卖是其业务模式的效率手段。根据“无限场景”的品牌战略，瑞幸咖啡在门店类型方面进行的创新，立足用户多元化的场景需求，无论满足用户线下社交需求的旗舰店（Elite）和悠享店（Relax），还是快速自提、服务商务人群的快取店（Pickup），乃至满足客户外送需求的外卖厨房店（Kitchen），不同类型的店面形态互相配合，共同塑造出线上线下场景融合的业态综合体，覆盖全场景。通过捕捉用户情绪触点，建立完整体验路径，建立用户与产品相互推动的刷新飞轮。

一个重要的观察细节，底层数字化供应链的迭代，从前端到闭环，可能某个写字楼角落不起眼的瑞幸咖啡门店就是外卖枢纽，应该定义为数字化的智慧门店还是前置仓？在瑞幸咖啡的商业语系中，通过对市场成本结构和交易模式的重塑，让我们理解原来咖啡不再是单一品牌或饮品，而是真正可以定制，可以不断更新的咖啡生活。从人找咖啡到咖啡找人，从人找咖啡店到咖啡店找人，用户“无限场景”的需要开始模式化被满足。

咖啡普惠，数据商业的福祉

从互联网认知角度，我们看到了文化、价值反差形成的传播效果，也看到了社交网络减弱地域隔离和信息不对称的巨大力量，正是在这种消除过程中，需求被平等地呈现，也正在被平等地满足。

作为20世纪最伟大的发明，互联网引发的信息革命影响着生活的方方面面，随着应运而生的数字经济更是深刻改变着经济形态、商业形态及我们的社会。这种改变还在继续地深化和渗透，据统计，截至2018年6月，我国网民总人数达到8.02亿，手机网民总人数达到7.88亿。互联网普及率为57.7%，网民通过手机接入互联网的比例为98.3%。仅2018年上半年，新增网民数已达到2 968万人。

伴随移动互联网一起发展的，还有消费者更加通畅的信息渠道和更加复杂的消费场景。更庞大的消费需求呼唤更多元快捷的满足方式，由此倒逼传统商家升级支付模式，打通线上线下，形成商业闭环。移动支付逐渐成为主流，并从最初的单纯的支付工具，向着具有连接属性的平台发展。数据显示，2017 年中国第三方移动支付交易规模达到 102.1 万亿元，同比增长率达 73.6%，预计 2018 年中国第三方移动支付交易规模将超 150 万亿元，达到 171.5 万亿元，增长率约为 68.0%。

三线城市没有无印良品，却有消费无印良品的欲望。没有星巴克，却有体验咖啡文化的刚需。并不是大众需求超越经济发生了跳跃，而是一直以来都缺乏填补鸿沟的实现方式和技术产品。当移动互联网、移动支付和大数据越来越以商业基础设施的形态出现时，咖啡普惠的价值便更加意味深长。

更重要的是，互联网和大数据在减弱信息不对称的同时，也让产品回归本身的内涵。当一二十年前咖啡作为上层社会、精英、高档消费的认知出现，到信息高度透明、供需因为数据效率的提升而改变的今天，咖啡回归到人人都能喝到、人人都能喝得起的饮品定位和平等的生活方式。

普惠，是互联网赋予普罗大众最大的福祉。每个喜欢咖啡的人都不应该囿于地域，都应该平等地被连接、被响应与被满足。而具备连接、响应和满足能力的品牌，都应该去洞察普惠的到来，同时清晰地意识到：价格低廉的速溶咖啡不是普惠，因为那是以牺牲口感和品质为代价的效率妥协；只能到店消费的连锁咖啡不是普惠，因为一键下单才是人们对快节奏的皈依；奢侈小众的精品咖啡不是普惠，因为高冷往往意味着曲高和寡和更难获得。

以数据驱动，从生产力到生产关系，从审美结构的独特差异，到基础设施的普遍成熟，打破传统的产业理解，去应和新的文化体系：

透明化的用户认知，可视化的效率供给，持续性的利益共同体，对于价值链条的专业获取，自带系统迭代能力的全新生活方式，不断渗透填补各种缝隙，越来越表现为消费者可以随时随地获取。

瑞幸有机会做中国的“咖啡平权者”，是因为让咖啡消费回归本身、回到常识的初衷，和全球大部分国家信息对称，价格对等，去掉咖啡的标签溢价，在消费升级的过程中，给消费者提供更好的选择，堪称伟大。

也许从这个角度，就能理解为什么数字咖啡被称为第四次咖啡革命，而瑞幸作为实践者，满足前三次咖啡革命未被满足的用户需求，甚至包括对产地、种植区的溯源与数字化赋能，这种全方位的颠覆重构自然意义深远。

咖啡和音乐有着天然的联系。

一颗咖啡豆的音乐之旅，也许源于遥远种植园里黑人母亲带着一群孩子采摘果实时吟唱的古老民谣，或一群身强力壮的工人给咖啡豆去皮时哼出的雷鬼[①]调子。但在很长的一段时期，咖啡豆的音乐之路都会终结于某个咖啡馆安静典雅的蓝调[②]、香颂（法语世俗歌曲）或是爵士[③]。

赵雷在唱《成都》的小酒馆时，并没有想到《成都》这首歌会成为未来几年很多咖啡馆的歌单之选。李志的《我爱南京》和郝云的《去大理》，文艺青年和伪文艺青年扎堆出现。棉布衬衣、帆布素鞋，文艺似乎是低调、清冷、小众的。

网络神曲从未大规模出现在像样的咖啡馆。简单、热闹、朗朗上口，这些和文艺格格不入的特质，让神曲长时间处于审美鄙视链的底端。

比特却从不停歇。构建比特世界的精英崇拜算法简洁，一如便利店的简单易得。而比特流往之处，新的大门打开，一人造梦，万人膜拜。各数锦鲤纷至沓来。

---

① 雷鬼音乐是一种由斯卡（Ska）和洛克斯代迪（Rock Steady）音乐演变而来的牙买加流行音乐。——编者注

② Blues，又译为布鲁斯，是一种基于五声音阶的声乐和乐器音乐。——编者注

③ Jazz，音乐类型，于 19 世纪末 20 世纪初起源于美国，讲究即兴，以具有摇摆特点的节奏为基础。——编者注

至此，咖啡又踏上新的音乐旅途。从曾经被郑重定义的空间中走出，去到了更广阔的应许之地。

卢旺达的果农第一次尝到了自己种的豆子，却没有尝出不一样的味道。

首尔和银座古驰咖啡馆的时尚达人又开始了新一季的配色，历史不会倒退，时尚总是轮回。

那些正在网红胜地拔草的青年，从不关心品牌为何物。他们自己，就是品牌。

coffee
2 for $5
Classic Breakfast Sandwiches
Your Latte, Your Flavour
MOCHA
CARAMEL
VANILLA

第三章

新中产，咖啡的超级用户（人）

没有人生活在过去，
也没有人生活在未来。
人类从未停止探索生命，
因为他们决不放弃活成真正的自己。

撩拨新中产

大航海时代越洋贸易的崛起，让原本生活在不同大陆的植物、动物、微生物翻山越海，以“外来者”的身份渗透原本稳固的生态环境和人口结构。疾病和大多数植物的互传通常是意外的结果，但含有精神刺激成分的植物、产品和相关加工技术的远播，却是另外一回事。酒类、烟草、含咖啡因的植物等成瘾性物品的全球流行，无一例外，都是蓄意促成的，这是改变世界的生意，因为绝大多数人都不可避免囿于某种瘾症。我们对鸦片、大麻和古柯叶[①]敬而远之，却无法拒绝酒类、烟草和咖啡的诱惑。

① 古柯科植物的叶子，可以入药，也是可口可乐的重要配方。由叶提取的古柯碱，为重要的局部麻醉药物。——编者注

注定上瘾

学习、工作、加班、娱乐……那一杯杯棕黑色的“药水”让人们在清晨苏醒，或在深夜相伴。人们曾经把提神功能视为咖啡的最大价值，将速溶咖啡的市场占有量推到70%（2016年的数据）。回忆一下，在冲一杯速溶咖啡准备挑灯夜战的时候，脑海中闪过的广告语便是：“雀巢咖啡，让您事半功倍。”但咖啡的意义逐渐与单纯的提神功能割裂开来，前仆后继的咖啡“瘾君子”凭借满腔“非买不可”的执着，将“瘾品”与功能饮料进行了区分。

莎翁笔下追求享乐的福斯塔夫高呼着“如果喝酒、吃糖都有罪，就请上帝救救这些坏人吧”；法国文豪伏尔泰被医生形容为“最显赫的咖啡瘾君子”；披头士成员叼着大麻烟卷创作摇滚……他们已经在不知不觉中将“瘾品”和信奉的价值观紧密捆绑，这个过程为仅是植物提取物的瘾品赋予了更加深刻的文化和社会内涵。正如在中国古代，服食丹药和五石散是专属于士大夫阶层的癖好与风雅。在世界性的“瘾品”大规模工业化之前，享用它们带来的纯感官刺激只是少数上层阶级的特权。比起为了生活疲于奔命的人来说，物质丰饶所带来的“闲情逸致”和无目的性使上层阶级更迫切地想要转换精神状态，寻求“瘾品”带来的虚无刺激。排解心理压力是一方面，但更多人沉迷“瘾品”是受“从众”心理的驱使。人们总是要去做一些符合自己所属的阶层身份的事情，或是借由这件事情来表达自己的阶层格调。

上瘾这件事，无论从人性的角度，还是经济底层逻辑的角度，都是普通人的命中注定。

新中产的咖啡

在全球使用最为广泛的瘾品中，尼古丁和酒精在咖啡因面前，只能甘拜下风。

在旧金山的公寓里，清晨慵懒的太阳照射到床边时，睡眼惺忪的人们起身倒了一杯滚热的咖啡，开始翻阅当天的行程单，或者对着窗外放空片刻，然后开始早餐时刻。最早饮用咖啡的西方国家，对于咖啡的需求早已不再是一个提神工具或者偶尔才喝一次的稀缺饮品——就像中国人对热水的痴迷一样，咖啡就是西方家庭的“热水”。

全世界的咖啡因消耗量大约是每人每天 70 毫克，在有些欧洲国家，这个数字甚至超过 400 毫克，大约相当于 4 杯咖啡。咖啡、茶、可可、可乐，这 4 种包含咖啡因的饮品，在世界上几乎任何语言中都通用。其中，咖啡无疑是含咖啡因的植物中最具经济价值的一种，在 20 世纪晚期一直是世界流通最广的贸易商品，贸易量仅次于石油。虽然咖啡的发祥地是在偏远的埃塞俄比亚高地，但在西方世界的推动下，咖啡已然成为世界性饮料和全球化作物。

日本学者三浦展在《第四消费时代》里提到：“有这样一个社会，人们追求的不是经济高速发展和效益最大化，而是享受简约的生活方式。人们不再简单地认为购物使人幸福，而是问什么才能使人真正幸福。”而我们，正在走着日本走过的路。第一批中国新中产阶级在这样的环境中诞生。无论是出现在清晨的办公桌上，惬意的早午餐（brunch）时间，还是饿着肚子加班的深夜，咖啡代表的是一种生活方式。

2016—2017 年咖啡收获季主要进口国家咖啡消耗量

国家/地区	咖啡消耗量 千袋（60 千克/袋）
欧盟	42567
美国	25775
日本	7913
俄罗斯	4638
加拿大	3783
韩国	2316
阿尔及利亚	2223
澳大利亚	1847

数据来源：国际咖啡组织（ICO）

图 3-1：世界各国咖啡消耗量

效率、品质、个性、体验，在新中产们的话语体系中频繁出现。曾经需要买房买车才能获得的幸福感和满足感，现在依靠精美的餐具、舒适的环境、个性化的贴心服务也可以得到。消费观念的成熟和理性引发了审美的变迁，真正的生活品质成为新中产阶级在这场消费升级中扛起的、与父辈们迥异的大旗。

即使是深入柴米油盐的日常之物，对于中产阶级，也必须要在喝咖啡这件事情上体现出品位与阶级感，这让咖啡逐渐成为特定的生活方式。“真的咖啡战胜了速溶咖啡，不是因为它更好喝，而是因为它会用到更多的器具”，菲·考特·克雷格的《中产阶级的要素》中这样描述。中世纪的英国贵族用镶着金边的杯子和高雅的礼仪凸显身价和地位，但不会放弃平民也可以享用的茶。今天的新中产阶级在虹吸壶、摩卡壶和法式压滤壶中抉择，在滤纸冲泡或是冷萃中求解，说是附庸风雅也罢，但咖啡制作和品鉴确实因此承载了更多的文化和消费冲动。

图 3-2：虹吸壶、摩卡壶和压滤壶

新中产，中国市场破局点

《经济学人》杂志提到，中国的中产阶级人数已经从 20 世纪 90 年代的几乎为零，增长到今天的 2.25 亿。随着经济的发展，新中产阶级群体还将继续扩大，一个巨大的潜在市场正待探索。在新中产的世界观中，炫耀式消费是属于上一辈的落伍观念，精致简单、匠心独具是这个时代的审美。对于任何一个企业或者产业，用户体验是收割当下红利的命门。

2006 年，台湾资深咖啡人韩怀宗第一次来到大陆，发现“要喝一杯凸显地域之味的浅中焙精品咖啡难如登天……觉得中国大陆精品咖啡的演进，至少落后台湾 30 年”。的确，精品咖啡品类，台湾走在前面，全台湾出售咖啡的地方，仅便利店就超过 10 000 家，独立咖啡馆也超过 5 000 家店，这对于只有 2 300 多万人口的台湾地区，显然市场已经供过于求了。

事实上，中国的发达城市一直也有一批致力于咖啡精品化的店家，在咖啡工艺和品饮上的返璞归真，每一个制作环节力臻“精品”，以对抗机械化生产咖啡的千篇一律。精品咖啡开始逐步影响中国刚刚诞生的第一批新中产。

目前研究机构普遍会将年收入超过 15 万元人民币，或者家庭年收入超过 20 万元人民币的人群定义为“新中产阶级”。麦肯锡（McKinsey & Company）将这些国内的新中产定义为“新主流阶级”，并称到 2020 年，中国会有接近 54% 的城市家庭达到新中产阶级水平。

新中产阶级成长于中国经济开始腾飞的时代，其中的大多数作为家中的独生子女，不像父辈经历过物资匮乏时期，消费心态保守，相比之下，他们自信、思想独立，其消费具有很强的个性化。麦肯锡将中国新中产总结为“思想、行为‘西化’的一代——认为贵的东西就是好的，愿意尝试新的东西，追求品位和身份地位，忠诚于所信赖的品牌，更青睐小众品牌”。

在这种情况下，“那些长期以来凭借低价来满足消费者基本要求的企业将面临难关，并可能会失去几百万的升级的消费者”。对于新中产崛起带来的商业影响，这是麦肯锡给出的警醒之言。

在《吴晓波频道》出品的《2018 新中产白皮书》中，从价值观、经济、职业，以及教育 4 个方面判断一个人是否为“新中产”。整体而言，他们在消费方面喜欢为“幸福和发展的需求”花钱，“升级”是他们在各类消费支出和层次变化的出发点和主要理由。其中，新中产新家电渗透率的前三名分别为净水器（64.2%）、智能电饭煲（60.5%）、加湿器（58.2%），而与咖啡消费有关的咖啡机排名第十，占到了 20.2%。这种升级因此被称之为“把生命浪费在美好的事物上”。

将咖啡美学化、注重地域风味的第三次咖啡浪潮，让一群新中产在这次精心设计的品饮体验中，对咖啡的认知回归滋味本身，爱上精品咖啡，而不再仅仅将其当作提神之物。全球精品咖啡业愈来愈成熟，咖啡师对技术的追求、咖啡店结合本地文化与创造独特空间，绝对不存在“样板”，让一间好的精品咖啡店必然带来一次独特体验，也让精品咖啡品牌不会因快速扩张而稀释品牌的稀缺感。

当星巴克也开始卖精品咖啡，平价连锁的咖啡品牌也不断提升咖啡品质，追求咖啡豆产地、烘焙程度，以及空间舒适感时，新中产成为中国咖啡市场的破局点。

用户“护城河”

智能互联时代，信息日益冗余，新闻速朽，流量一度成为所有人追逐的喧嚣。而当流量盛宴结束，用户成为品牌的“护城河”。

用户思维深化

移动互联网和社交媒体尚未发展之时，很难依靠数字和数字化的技术来定位一个人的身份。因此我们不得不在钱包里装满各式各样的证件和卡片，以证明自己的身份和权益。小到健身房、理发店，大到航空公司、大型商业综合体，几乎都在不遗余力地推销会员卡，并试图通过一张卡片把品牌和用户牢固而长久地捆绑在一起。而理想和现实的差距不仅仅只在又多了一张会员卡，这张卡片对于品牌与用户之间的关系而言，过于朴素和脆弱。品牌以为得到了一个忠实复购的用户，但却没有；用户以为自己能够享受特殊的权益和实惠，但是也没有。这是一个彼此试探，失望而归的过程。最后，卡片成为闲置在钱包里无处安放的鸡肋。

但信任匹配早已存在。苹果公司的电子产品充满了你的生活，电脑、平板、手机和智能手表，缺一不可；电脑边摆着的精品咖啡选用了优质的阿拉比卡咖啡豆，没有它，你就无法开始一天的工作；文具是来自德国的凌美（LAMY）和来自日本的国誉（综合性办公用品供货商），这是专属于办公室的仪式感；眼睛疲惫的时候你只用固定品牌的眼药水，早午餐（brunch）的时候你只选择固定店家的点心……即使没有会员卡的存在，你也甘愿被某些品牌套牢，成为它的超级用户。你的价值，对于品牌而言，是线性的。

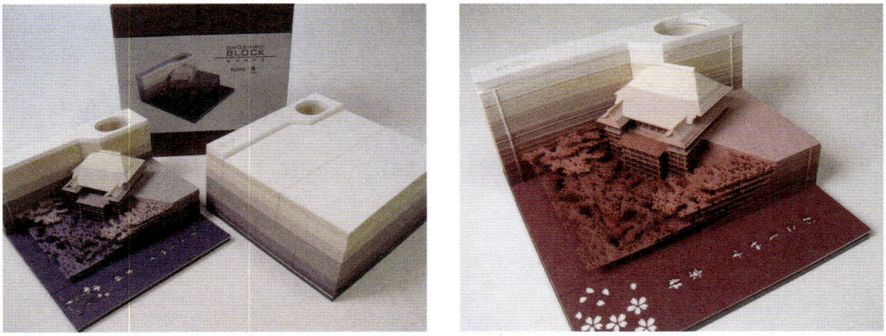

图 3-3：日本精品网红便签纸：精品文具成为许多人的生活仪式感

品牌与流量依依惜别，从“流量思维”到“超级用户思维”成为必须。这是向外扩张新用户获取到向内而生已有用户关系深度经营的转变，是将运营指标转向净推荐值（NPS）和每用户平均收入值（ARPU）的转变，是用户思维的深化，是社交货币和社群思维的进化，更是全新商业规则的新物种方法模型和估值体系。

商业围绕个体展开，超级用户思维正在不断完成对旧有商业形态的改造，持续创造新的商业机会，形成新品类的定义能力，成为新物种诞生与进化的破局点。

竞争壁垒

在亚马逊庞大的商业版图中，用户思维始终是根基。正如亚马逊CEO（首席执行官）杰夫·贝佐斯所说，“用户是亚马逊的基石，是亚马逊最重要的武器”。

2005 年，当亚马逊推出金牌会员服务（Prime），布局付费会员体系开始，亚马逊的一切都围绕着金牌会员这个核心点展开。当年 79 美元的会员年费，为用户提供了包括任意金额免除美国境内运费，出库后美国境内 2 日送达等会员权益，这在物流系统远没有如今发达、物流成本极高的美国，成为吸引用户的第一道光。

图 3-4：亚马逊金牌会员体系

此后，亚马逊不断扩张的产品和服务都被纳入金牌会员体系，不仅让会员权益更加丰富，更重要的是形成了庞大的用户数据能力，通过技术创新实现更智慧、精准、个性的用户体验创设。2017年，亚马逊首次公布金牌会员订单量——2017年全年超过50亿件。金牌会员体系，就是亚马逊的市值一路高歌猛进的缘由。2018年9月，亚马逊成功达到1万亿美元市值，一跃成为继苹果之后，第二家市值过万亿门槛的公司。

而在2017年的中国，阿里巴巴（以下简称“阿里”）宣布以淘气值统一天猫和淘宝的会员体系，并且将会员福利的重点放在了“淘气值”高于1 000分的中高端用户上，而淘气值2 500分以上的高端用户则有机会受邀成为阿里巴巴黑卡俱乐部（APASS）的一员。2018年，阿里更是推出了完整的88VIP会员。同样，京东的资源也越来越重视和倾向京东PLUS，京东PLUS号称只邀约万分之一的用户，提供专属贵宾（VIP）客户经理服务，因此PLUS会员权益的获得，不仅需要支付299元的会员年费，还需小白信用达标。新零售所强调的全渠道打通和有记名消费，最终都以付费会员体系实现了有效的价值承接。

在视频平台的竞争中，爱奇艺以头部内容IP、独家版权资源、原创自制内容的布局逐步完成付费会员体系的构建，朝网飞（Netflix）不断靠拢；知识服务领域，得到App率先完成了对知识服务付费会员模式的定义；来自瑞典的流媒体音乐巨头声田（Spotify）以一流的智能推荐音乐服务形成了极致的个性化用户体验，原本的“免费+付费订阅”并行的模式在逐渐向付费模式倾斜，而中国的腾讯音乐集团也备受市场期待。

会员、超级用户、铁杆粉丝、社群、用户经营能力，正在成为优秀商业模式的基点。即使数据运营能力、产品功能迭代、生活场景创设成为商业中绝不可以轻视的要素，但人永远是最大的场景，也是最重要的IP。

数字化升级

今天，韩怀宗如果再来大陆，想要喝一杯凸显地域之味的烘焙精品咖啡就很容易了。品牌精心挑选的咖啡豆，让你在街边巷尾或是写字楼商场，都可以追溯到苏门答腊、卢旺达淑利、巴布亚新几内亚、牙买加等著名咖啡牧场的原汁风味。

商业竞争为消费者带来足够丰富的选择时，如果想要在市场竞争中脱颖而出，提升品牌与用户的黏性开始迫在眉睫。如果你的楼下已有一两个咖啡店打出精品、舒适、高效、享受的招牌在吸引你的目光，咖啡和咖啡之间的差异度对于大多数人而言又品尝不出，如何建立品牌的忠诚度？

在消费者更有主见、获取新用户流量成本骤增的背景下，构建数据化会员是品牌寻求的出路。《会员经济》（*The Membership Economy*）的作者罗比·凯勒曼·巴克斯特（Robbie Kellman Baxter）说，会员经济是个人与组织或品牌之间建立的可持续且可信任的正式关系，这种关系是相互的，品牌给会员提供更好的服务和福利，而会员则会抱有更高的品牌忠诚度，提供产品建议，与品牌共建，带来正向循环。事实证明，这种策略卓有成效：市场研究公司消费者情报研究合作伙伴［CIRP（Consumer Intelligence Research Partners）］数据统计，亚马逊金牌付费会员平均每年在亚马逊消费 1 200 美元，非金牌会员则仅为 500 美元。

毕竟会员通常意味着可以享受积分、折扣带来的价格优惠，以及尊享的特权，帮助品牌在“始于消费，终于消费”的过程中完成一次次循环。不过，随着移动互联网所带来的数字化趋势，会员的意义开始不再仅仅是特权和优惠，服务成为数字化会员进行品牌与用户连接的关键。后者往往能以平台定制化的服务，打通全体系让用户享受整个系统权益，成为一种估值模型、一种商业模式。

亚马逊推出家庭账号让青少年用父母的卡消费，意在培养下一代付费用户；阿里巴巴以淘气值管理起旗下复杂的会员体系，以分值计算用户的购买力、互动指数和购物信用……会员经济之下，是集体的数字化升级。

同样的转变路径在星巴克体现得尤为明显。在西雅图开出第一家门店后，规模日渐扩大并一度出现井喷式增长的星巴克，也开始建立自己的会员体系来经营用户。无论去哪一个城市的星巴克买咖啡，轮到你的时候，店员都会不紧不慢地问一句，“您有会员卡吗”，无论你身后的队伍还有多长。

从前，星巴克会员卡通过积分兑换免费咖啡或赠品的方式鼓励用户消费，但自 2011 年开始星巴克将会员体系与移动电子支付结合后，积分变得不再重要，甚至在 2018 年，星巴克会员的“星享俱乐部”中通知：用户首次晋升为金星卡（一种通过积分达到的会员等级）将不再发放实体专属卡，而改为电子卡。这代表星巴克升级会员数字化的一步，分析每位消费者的行为，并即时反馈在顾客的每一次消费中。当一位会员站到星巴克店员面前时，他平时喜欢喝什么已经被店员知晓。由此带来的效果是，星巴克的忠诚会员以 18% 的速度增长，同时，全球星巴克忠诚会员是其他消费者消费次数的 3 倍。根据美国财经网站市场观察（Market Watch）机构的数据，星巴克会员账户里的金额，已经超过了美国某些金融机构的存款，高达 12 亿美元。

以数字化另辟蹊径，瑞幸咖啡在成立 5 个月时召开发布会，宣布完成开设门店 525 家；几个月后，成立 12 个月的瑞幸 2 000 家门店就已部署完毕。很多人讶然：为何能这么快？原因在于所有门店都是数字化的，可拷贝，可复制。立足数字化洞察，瑞幸咖啡在分众和朋友圈进行LBS广告投放，获取流量几乎完全在线。

瑞幸咖啡建立消费者对于品牌的信任、习惯及忠诚度的能力独树一帜。在线上流量愈发成熟的当下，数字化是最好的线下转化力。而无论线上线下，用户的深耕运营才是品牌真正的“护城河”。

咖啡的连接温度

在现代消费社会，商品往往通过光芒四射的橱窗展示，对人的深层欲望进行引导和支配，用居伊·德波的话说，“比商品实际的使用价值更重要的是它的华丽外观和展示性的景观存在”。我们与商品之间的关系发生了变化，不再单纯地从用途去看待它，而是从它所代表的全部意义去看待全部的它，广告、社交媒体、线下门店的橱窗展示、限量与品牌标识构成了一个无法分离的整体，让商品引发消费者一系列更为复杂的动机。

商品，依靠情感维系信仰

人类学家克利福德·格尔茨将宗教信仰定义为“由信条组成的系统，通过系统地表述一系列有序存在的理念，并将这些理念置于情感和动机的唯一现实氛围中，以建立强大的、普遍的、持久的人类情感和动力”。这个概念描述也非常适用于消费社会中的某些品牌。

例如，可口可乐创造出的商业帝国景观，一度充当了“现代宗教的替代品”。从可口可乐的元老人物约翰·彭伯顿、弗兰克·鲁滨逊、阿萨·坎德勒时代起，就将这种饮料鼓吹为“神奇的药水”。毕竟公元1世纪，世界上第一台投币自动售货机就是用来发放圣水的。员工把亚特兰大的可口可乐总部称为“圣地麦加”，也对所有自家的产品满怀敬畏；可口可乐国际收藏家俱乐部的成员将一切有关可口可乐的藏品装满他们的地下室、车库直到客厅和卧室；可口可乐新世界博物馆门前、纽约时代广场，以及亚特兰大特纳球场上的超大体积的可乐瓶装置，极易联想到让人膜拜的雕像。

图 3-5：可口可乐博物馆

喝一杯咖啡时会想到什么？精力、品质、舶来品、工业化，还是小资？比起商业造就的文化，咖啡的文化含义更为天然。从世界最广的贸易商品，到工业文明里不可或缺的能量来源，再到以咖啡馆作为消费中心发展起来的一系列有关咖啡的文化。无法带来情感连接的商品是失败的商品。成为“超级符号”，通过源源不断的内容，持续触及并唤醒大众心理，成为反复被谈论的话题是品牌的至高法则，而那些最能代表特定生活方式的商品或品牌，也最能够零成本甚至负成本地广泛传播。

冷萃，一杯咖啡的温度

一直以来，所有的咖啡都是用热水冲泡的，随着气温上升，咖啡销量会持续下降，人们会寻求其他解暑的饮料——直到冷萃咖啡的发明，从仅限于新奥尔良和南方的区域性流行，被蓝瓶咖啡、树墩城咖啡，再到 2015 年星巴克的引进和全球推广，“我想要喝冰的咖啡”这个昔日的需求才算是真正地被解决。

“冷萃”，是用冷水浸泡经过研磨的咖啡豆，通过冷萃咖啡桶等器具经过萃取过滤而成的一支“预制咖啡”。尽管一些咖啡品鉴者认为冷萃咖啡少了热萃取咖啡所具有的苦味和酸味，其中的芳香物质也少了一些，但冷萃比热咖啡的口味有更高的稳定度。同时，美国胃灼热协会将 75% 的胃灼热患者症状归因为每天喝热咖啡，声称“因每天喝热咖啡导致的胃灼热是胃酸倒流，以及食道癌的初始症状”，除了肠胃问题，热咖啡也易导致牙齿珐琅质流失。这些都让冷萃咖啡有了更多的饮用场景。

冷萃咖啡在不断满足咖啡爱好者更小众的需求中走向流行，直至改变咖啡生意。冷萃咖啡供应商 Joyride Coffee 利用冷萃咖啡开发出了一种以 20 升为一桶的冷萃咖啡，类似于酒吧里的啤酒桶，会用龙头放出含有氮气的咖啡；以“爱喝冷萃的人往往喜欢在其中加入牛奶”为出发点，星巴克又推出了冷萃咖啡奶昔；甚至还有冷萃咖啡冰激凌……最新的例子是，7–ELEVEN便利店上架了一款自家开发的冷萃气泡咖啡饮品Fizzics Sparkling Cold Brew，这是一款带有智能功能的咖啡，反转一下咖啡罐底座就能在短时间内将咖啡温度降低30度。

图3–6：智能降温的冷萃气泡咖啡饮品Fizzics Sparkling Cold Brew

冷萃不仅改变了整个咖啡行业，甚至让星巴克在美国的利润获得了增长。近几年由于星巴克在美国市场表现不佳，关闭了一些销售业绩差的门店，特别是租金高的市区店，但在2018财年的第四季度星巴克全球同店销售比上一年同期增长了3%，星巴克首席运营官罗莎琳德·布鲁尔（Rosalind Brewer）把这次增长归结为冷萃咖啡和夏日的Refresher系列的优异表现。这让星巴克有了更多信心来抓住冷萃咖啡机遇，从而恢复北美的市场增长。

满足，触达灵魂的需求

国际市场对于中国消费者“不关心市场，只关注商品的基本功能、务实”的评价已经被打破，在英敏特《2018年中国消费者趋势》

中，“本真自我”是用于描述中国消费者的标签之一。中国消费者有了更加多元化的需求，品牌也开始提供多样化和可调整的产品，并搭建平台鼓励人们表达个性。

在时装产业，“个性化”（personalization）一直是重大主题。具体的变化是，消费者会青睐于选择有价值主张的品牌、与自己价值观契合的品牌，而反过来则不成立。为了追求非传统、更优质、更高性价比、更高排他性和更具真实性的产品，甚至为了获得更为个性化的服务体验，消费者甘愿交出更多的私人信息。这迫使时装品牌寻求更有信任背书的关键意见领袖（KOL），考虑如何最大程度地进行熟人推荐、整合社会媒体互动，同时利用数据推动个性化内容的提供。提供私人造型服务的智能零售商Stitch Fix、基于算法打分推荐的Affinity、阿迪达斯快闪店（品牌游击店）Knit for you的定制产品活动，都是满足个性化需求精心策划的时尚产品。

在突出个性、强调自我，并极力想从消费中寻求身份认同的新阶段，想和“榛果拿铁”“香草拿铁”竞争，不妨做一杯“辣椒咖啡”“海鲜咖啡”“培根咖啡”这样的奇葩咖啡，可能更有潜力成为爆

图 3-7：丧茶的“毒鸡汤”文案

款。又或者给自己的品牌增加人设，学饿了么与网易新闻抓住触及年轻人情绪的“丧文化”，开一家“丧咖啡”。

来自英国的CLR CFF公司推出了“世界第一款无色咖啡”。这种咖啡解决了人们由于长期喝咖啡而导致的牙齿发黄的困扰。透明的咖啡配合不添加防腐剂、人造香料、甜味剂和稳定剂的营销宣传，让饮用咖啡的人获得了更为健康的感受。

有趣的是，瑞幸咖啡在与腾讯达成战略合作后，将科技赋能于咖啡，利用与腾讯共同探索的图像识别、人脸支付、机器人配送、增强现实技术（AR）互动等黑科技，同时让文案创意触及用户情感上与“数字咖啡的互动匹配”。

越来越多的年轻人喜欢选择创造性的工作、弹性自由的工作模式，热衷于冷门旅行、参观小众艺术展、发掘尝试新品。在新世代人群的崛起过程中，如果一个品牌或产品能让消费者通过对它的消费发现本真的自我，获得成功是显而易见的。

从冷启动到闪电战

刚刚过去的 2018 年“双 11”，阿里巴巴和京东的成交总额已经达到了 3 733 亿元，是 2009 年“双 11”刚被打造出来时的 7 466 倍。互联网重构了流量的分配方式，进而重构了与此相关的商业模式和市场格局。最初，流量在线上失控，品牌主只要凭借精明的策略就可以在推广上获得百万用户，而电视媒体播出的一条广告，其投入产出比还不及微信上发的一条朋友圈。

但随着流量获取的难度和成本不断上升与流量分布的集中化趋势，流量红利消失的焦虑从 2016 年就开始了。移动互联网从迅猛发展到流量增速放缓，流量集中在几大巨头的手中，诸多品牌只能在巨头制定的游戏规则下生存，同时，伴随着流量价格的高企也是初创品牌不得不面对的共识。

流量分割格局已定，如何在现有格局之下分润流量，抓住用户流转的目光？新交互方式的实施落地成为解决新流量分割的关键所在。利用成熟的技术，以新方式展开流量之争。在流量之困的背景之下，瑞幸只用了不到 6 个月的时间就解决了“认知、认同、认购”的突围问题。

做每个人都喝得起、喝得到的好咖啡

2017 年 4 月，瑞幸咖啡初创团队去加拿大考察了两周，为自己的品牌寻找定位。他们发现，一家名为提姆霍顿（Tim Hortons）的咖啡品牌看起来很原始，没有互联网手段，在加拿大却比星巴克的市场份额还要高，加油站、写字楼里到处都是提姆霍顿的门店。这个由加拿大冰球运动员提姆霍顿于 1964 年创立的同名连锁餐饮品牌，在全球有约 4 700 家分店，外地人去加拿大经常被当地人推荐为“必去地”国民品牌，它还被收录在加拿大牛津英文词典中。可以说，提姆霍顿几乎是加拿大文化的一部分。

图 3-8：加拿大国民咖啡品牌提姆霍顿

这对于瑞幸咖啡来说意义重大。瑞幸咖啡的创始人、首席执行官钱治亚非常认同小米和网易严选的品牌定位——希望中国消费者都能买得到高性价比的产品。

于是，立志“做每个人都喝得起、喝得到的好咖啡”的瑞幸咖啡诞生了。选择优质的阿拉比卡咖啡豆、瑞士顶级咖啡机，并组建了以安德烈·拉图瓦达、井崎英典、潘志敏三位世界咖啡师大赛（WBC）冠军带队的产品团队进行研发……瑞幸咖啡给自己的定位是中国新零售专业咖啡运营商，以“三高”（高品质、高性价比、高便捷性）作为自己的目标。

在全球第三次咖啡浪潮“精品蓝”的趋势下，瑞幸咖啡选择以高饱和度的蓝色作为品牌色、采用鹿角标识图形传达出新零售的“专业、新鲜、时尚”的品牌基调，快速在中国咖啡市场中创立了新符号。不管是汤唯也好，张震也好，他们对于艺术作品的严谨、专业和认真的态度，爱惜自己的演员身份的同时也对自己代言的品牌抱有精挑细选的态度。这与瑞幸咖啡不单纯关注明星流量，而是基于“高品质”的品牌气质，谨慎选择代言人的价值观不谋而合。

冷启动，从 0 到 1 的第一步

瑞幸咖啡似乎是一夜之间火起来的，某一天你打开手机，微信朋友圈突然就被汤唯和张震密集地攻占了；你的好友都在送你一杯免费的咖啡——对于两三块的满减红包你可以视若无睹，但是价值二三十元人民币的免费咖啡，还免配送费，你不可能漠不关心；如果你同时还关注一些商业资讯，你就会发现对这个新晋咖啡品牌的讨论正在成为最经典的商业案例被媒体频繁报道。

都说创业维艰，瑞幸的成功似乎有点轻而易举。当然事实并非都像人们眼中看到的，在瑞幸咖啡广泛密集地出现在世人之前，瑞幸早已完成自己从0到1的尝试。这个过程被瑞幸咖啡CMO（首席营销官）杨飞称为：冷启动。

最开始，瑞幸咖啡在其公司的总部大堂（北京联想桥店，仅开放给内部员工）、银河SOHO的C座（位置极其偏僻）和望京SOHO（位置理想）开启了3个店的前期测试。3个门店作为3个不同变量，其实承担着同一个作用：以哪种手段能够快速获取客户。联想桥店用于观察员工的消费频次、复购率，以及价格敏感度等；望京SOHO作为人流多的好地段，不缺人光顾，那么在广告投放不多的情况下，App怎样能快速吸引用户；银河SOHO位置偏僻人流较少，则用于测试微信LBS门店定投广告的效果。

图3-9：瑞幸咖啡银河SOHO与望京SOHO店

上述的3个测试为瑞幸接下来的快速扩张提供真实的数据测试基础，瑞幸发现以LBS广告迅速告知周边人群，以首单免费获取第一批下载用户，用有趣强力的裂变拉新（拉一赠一）吸引存量找增量获得病毒增长，平均只需两个月左右，就能做到新开门店单量成为周边生意最好的咖啡店。

裂变式分享的红利

App作为瑞幸咖啡的第一流量入口，实现App的获客引流尤为关键，对此，杨飞在开始推广瑞幸时，首席执行官钱治亚便问他：最重要的App获客方式会是什么?

谁会为了喝一杯咖啡，愿意在自己的手机上下载一个数兆的App？乍看之下选择App，并没有微信服务号、小程序开发更好：小程序虽然难有二次触点但“用完即走”、高效便捷；微信服务号开发比App轻，留存比小程序好。但App的优势在于数据采集，能多样化推送，更不会受制于平台方的约束。

吸引流量为App获客确实难度不小。但咖啡是典型的社交饮品，基于瑞幸咖啡新零售咖啡的定位，杨飞率先想到的是通过裂变拉新。“将大部分广告费用作为用户补贴，激发老用户分享好友拉新”是瑞幸咖啡初期拉新最核心的手段。

裂变营销是市场营销与增长黑客结合得最典型的营销手段，用户以新手福利、热点话题、游戏性趣味内容，通过社交分享的方式帮助产品完成拉新，达到老用户带来新用户的裂变增长。“首杯免费、买2赠1、买5赠5、分享好友各得一杯”是瑞幸咖啡初步采取的补贴措施，并以“咖啡普惠”的价值引发用户共鸣——这对于高频率低客单价的咖啡来说，是性价比非常高的推广手段。

新手被补贴吸引的消费结束后，再以裂变红包的形式完成二次传播。裂变红包不是什么新鲜的打法，美团、饿了么、滴滴等很多产品都有类似的裂变红包手段，用户在结束一次消费后，将收到红包分享给好友，可以自己领取红包，也能被点开红包的好友领取。但有过真正使用体验的人就知道，现在用户对于裂变红包早已不胜其烦，关键就在于大部分平台给出的优惠往往聊胜于无，满减的限制、红包的数额已经完全不足以让人们提起"转发"的想法。瑞幸咖啡却利用福利丰厚的体验券、0 折券、折扣券……保证了折扣券的高分享与高使用率。

闪电营销风暴

快速吸引第一批用户后，杨飞开始用他《流量池》一书中的"流量池思维"继续完成对瑞幸咖啡的裂变式营销。所谓"流量池思维"是通过获取流量并通过存储、运营和发掘等手段再次获得更多流量的方法。

瑞幸咖啡在 2018 年的前半年花掉了 10 亿元人民币，其中相当一部分用在了用户补贴方面，尽管补贴开拓市场初见成效且力度有增无减，但继续"简单粗暴"地贴钱必然会让用户审美疲劳，瑞幸咖啡不得不对营销进行更加创意化的探索。

2018 年 7 月 20 日小米上市的当天，小米 6 期（小米公司的新办公区）楼下，员工们捧着一杯杯瑞幸咖啡，杯套上面写着：小米庆功咖啡。这是瑞幸咖啡联合小米有品（小米旗下精品生活电商平台）举办的一场快闪活动，以“这一杯，敬热爱”为主题，凭借小米上市的事件热点，为小米员工送上一杯免费咖啡。

看似非常普通的杯套，成为瑞幸咖啡与其他品牌合作主打的联名阵地。与腾讯QQ合作，杯套上的“我们真没有100个月工资”、“这个需求很简单，怎么实现我不管，明天上线”写出了外界对腾讯的槽点，以及只有互联网从业者才懂的苦梗；同科技媒体36氪（36kr）合作的“创业箴言”杯，引发创投圈的共鸣，倒出乙方“伺候金主爸爸”时的苦水……以内容激发用户痒点，让瑞幸咖啡的“杯套营销”引发了热议和强曝光，同时依靠每日瑞幸咖啡的出货量让越来越多的品牌IP主动寻求合作。

图3-10：瑞幸-腾讯QQ联名杯套

从赞助中国网球公开赛、北京马拉松等体育赛事，第八届北京国际电影节、中国国际数码互动娱乐展览会（ChinaJoy）等自带话题流量的活动，到世界机器人大会（WRC）上，以对着机器“微笑送咖啡”、“比心送咖啡”，百度AI（人工智能）开发者大会上秀人脸识别下单的AI跨界式营销，再到“奉旨入宫”与借由《延禧攻略》《如懿传》两大热播剧大火的故宫IP合作将店铺开入紫禁城、与冯唐合作开设冯唐主题店。事件营销和IP赋能让瑞幸咖啡在短时间内建立起品牌的流量池，实现“从0到1”的快速增长。

luckin coffee

第四章

技术加持，
咖啡的新效率与新价值（货）

马克 · 吐温说，
历史不会重复自己，但总是押着同样的韵脚。
如今，未来已来，
你将如何踏着这韵脚舞蹈？

效率需求是第一需求

从日本东京街头的无人便利店到美国加州山景城的谷歌总部，从北京白领出国签到的“小蓝杯”咖啡到多伦多单身公寓清扫地板的家用机器人，从一台在神奇非洲大陆上不断运转的抽水机到一座遥远欧洲新建成的风力发电厂。一张“万物联网，物物相连”的网络正不动声色地改变我们的生活。而自 1999 年首次被提及，至我们追赶不及的未来，这张名为“物联网”的巨大网络还将在生活以外的别处掀起滔天巨浪。

物联网的机遇与忧患

物联网的概念孕育于我们所熟知的“互联网”，并在互联网的基础上进行了百般延伸与变幻。大数据和云计算服务通过新兴的感知设备日夜不休地传送搜集到的信息，再由更高层的应用将这些信息一一处理，从而实现了远程监控、自动报警、诊断和维护。自此，数据的管理、运营、共享变得前所未有的容易。

然而，当第一代的互联网使用者沉浸在淘金的狂热状态时，并未意识到物联网所带来的冲击将紧随其后，正如互联网时代来临前大多数人的麻木无察。2011 年前后，智能手机和平板电脑的普及度空前提高，为互联网第一阶段的全面开启奠定了基础，人与人得以连接，以数据和一切我们正在享有的服务连接。而放眼当下，生活中无处不见的可穿戴智能设备、智能交通、智能家居的影子，现代制造、现代农业、能源工业等传统行业也处于变革之中。显然，我们一脚踏入了互联网发展的第二阶段。物联网的时代已经来了。

小到眼镜、服装、垃圾桶，大到汽车、油井钻头、摩天大楼，甚至整座智慧城市，都成为 7×24 小时待命的智能化设备，一幅关于未来生活想象的全新画卷在我们面前展开，我们能够清楚地看到物联网在各行各业中所展示的变革力量。

譬如，工业物联网（IIoT）以意义深远的方式进行着改变行业面貌的革命，能够将现有的自动化系统与企业计划、排产和产品生命周期的系统紧密相连——物联网的时代机遇驱动工业扭转公司文化、思维、架构、策略与投资方向，向着智能的方向演进。毫无疑问，是商业与技术的发展把我们推向了这样的世界，物联网无处不在，无孔不入。站在时代风口浪尖的人们不再谈“互联网+”，他们豪情满怀地谈起了“物联网+”，甚至提出预言，在未来的 5~10 年里，智能设备将会达到 300~500 亿台的规模。那时候，越来越多的设备将通过传感器把信息送到云端，真正的大数据时代与物联网如影随形。

图 4-1：工业物联网

物联网正在将技术、经济和文化这 3 个至关重要的因素紧紧联结，酝酿着一场人们所期盼的完美风暴。然而在 2 000 年前的中国，老子已说过，“祸兮福之所倚，福兮祸之所伏”。物联网的浪潮中，也潜伏着致命忧患。

这种隐患体现在：物联网的力量源自它不但具有在物理世界中进行操纵的能力，同时还能够在所有事物均被数字化并仅以数字信息化形式存在的虚拟世界中进行操纵。智能机器在应对完美识别与设定参数的无差错生产、利用嵌入的传感器自动操作工厂级决策中被不断赋予自我意识，可对人类的潜在威胁也不言而喻；黑客也可以在某个至关重要的时刻开启或关闭一台机器，导致整条生产线陷入混乱。

以一个虚拟系统远程控制一台真实的机器，既带来了便利，也带来了极为恐怖的安全隐患，IT防御时代所遗留下来的传统防火墙根本无法阻挡物联网时代的新型病毒攻击——融入基础设计的安全，尽可能降低日益增加的联网安全风险依然是重大难题。即使隔着整片大洋，要知道，物联网并不存在某种神奇的安全性屏障，你所面对的对手极其善变，商家在享受物联网带来的红利时，永远不可能高枕无忧。因为，物联网的安全和防御绝无一劳永逸的解决方案。

无论你是否已经准备就绪，无论你开怀拥抱或是出于对人类异化的担忧，物联网都将前所未有地改变你所生活着的世界。谁也无法否认一个事实——物联网是未来——对于你的企业，你的行业，甚至你本人来说。

垄断消失的必然

1998年，美国司法部对微软发起反垄断调查。自此，这场跨世纪的案件将美国反垄断政策的重点从维护价格竞争彻底转向了推动创新。回顾微软的发展曲线，30年前，它如同一头巨兽强势捍卫着自己无可动摇的霸主地位。然而，在它以创新和革命为起点，踩着一个个对手的尸骸走向垄断的王者之路上，有一座令人瞩目的丰碑——IBM。历史何其相似。当微软以崭新的姿态打破IBM对第一代计算机的垄断后，却以“赢者通吃”的形式成为另一家垄断巨头。屠龙的勇士最终成为恶龙。20年后，微软重新登上市值之巅凭借的是以云计算为代表的全新生产力，艰难地自我否定才有机会基业长青或者苟延残喘？

今天世界正在进行指数级的改变。进化所带来的不再是单一的赢家，而是各种意义上的多样性。市场得以进一步细分，前所未有的品类层出不穷，史无前例的新物种开始瓜分消费者的注意力。智能互联时代的车轮倾轧而来之时，一个又一个的巨头站起后又轰然倒下，可以预见重复的模式不断上演，却无从估量下一个周期会不会更短。

2018 年 5 月 16 日，刚刚宣布已完成 525 家门店布局的瑞幸咖啡，以反垄断的名义将星巴克告上法庭。在《致星巴克的一封公开信》中，瑞幸要求的是一个“行业内公平竞争的机会，让中国消费者有更多的选择”。

当立足每一个当下，试图对未来有所预见的时候，主流技术或趋势从来都不应该成为眺望的方向。我们的目光，应该看向那些于细微处探索的革新者。各行各业的后起之秀，或是新物种的进化者，从来都是以奋不顾身的破坏之姿力图革新。破坏，成就了新的机遇。我们总是习惯于一个现有的行业规律，坚信它的不可替代性；却在变化发生后，惊觉世界原来可以如此不同，世界可以更好。这是我们对网约车，对爱彼迎（Airbnb，联系游客与房主的服务型网站），对美团点评饿了么的认知，这种认知依然在不断地深化。

垄断会否真的消失？英国博物学家托马斯 · 亨利 · 赫胥黎一生追随达尔文，笃信进化论。他说：“生存竞争无论在知识界还是现实世界都同样适用。一个理论就是一个思维物种，它的生存权与抵御由竞争对手造成灭亡的能力息息相关。”

效率需求是第一需求

万物互联使智慧应用井喷式增长，是一场真正的寒武纪物种大爆发。智能手机的普及实现了人手一部相机，社交网络经由平台，运用文本、图片、音频、视频、直播实时即刻地分享给全世界。数以千万亿的智能设备编织复杂网络，而深陷其中的，正是经过加强的、相互连接的数字化人类。

站在时代的转折点，曾经被奉为神谕的诸多规则正在被改写。1811 年，英国诺丁汉郡的纺织工人发疯地摧毁那些威胁生计的纺织机，但他们绝想不到的是，即使机器确实取代了人类劳工，即使工业革命带来了长达数十年的阵痛，纺织工人的子孙后代依然拥有“美丽新世界”。时至今日，历史再度重演。垄断者被撼动之时，也正是新世界破局之时。

史蒂夫 · 乔布斯是敢于破局的人，他说过：“当你一路成长的时候，人们会不断告诉你世界就应该是现在这个样子。但生活其实可以广阔很多，因为你会发现一个简单的事实：你周围的一切，你的生活，是由那些并不比你聪明的人创造的。你可以改变它，你可以影响它……一旦明白了这一点，你就再也不是从前的你了。”不得不承认，真正推动时代发展的都是那些最初不被世人理解的疯子，被争议是立足未来创新者挥之不去的标签。

“如果一个念头刚开始时不显得荒谬，那就彻底没有希望了”，伴随着大量新物种的涌现，对未来的判断和实践撬动了现有的经济结构。同时，新物种也为崛起的个体创造了新土壤与新场景。在爱彼迎上提供房间的房东，在优步（Uber）上提供服务的司机，在优兔（YouTube）上上传个人视频的博主，在小红书上分享心得的达人……独立创业者的成功，与他们所依附的平台血脉相连，性命相关。

社会一刻不停地向前发展。信息的传播越容易和迅速，平台的包容度和大众的接受度便越来越高，任何行业都处于加速度运转的阶段。如果把市场看作一个战场，那么这个战场上将不再有常胜不败的玩家。壮大还是灭亡，竞争加速每个身处其中的玩家命运进程，一切都在混乱之中找到最好的出路。

在此之前，我们应当怀着颠覆和突破的野心去重新思考世界应该是什么样子，而不是把新技术的发明、新商业模式的探索用于复刻前人的工作或是改进世界现有的形态。敬畏然后前行。那时，世界会以无限的可能予以回应。

以人为核心的产业链重构

产业互联网时代，几乎所有的企业都对供应链一往情深，因为消费升级和技术革新的深远影响，因为竞争环境对高效的优先诉求，因为消费者想要的从来更加简单。

供应链的数据化重构

消费者的需求从来直白：提前约好车，精准避开拥堵路段，早点儿到家；不用进行洗菜切菜这些无趣的行为，直接使用配置好的净菜就可以找到厨房里的小确幸；生病的时候身体与精神同时跌入谷底，好在动动手指就有人快速及时地送药上门；嘴馋想吃海鲜，跳过烦琐的挑拣清理步骤，随时点单随时烹饪……与多元化消费需求相对应的，是以美团点评、滴滴、盒马鲜生、每日优鲜、便利蜂、西贝、刀小蛮（半只鸡云南米线）为代表的全新商业形态对消费场景的灵敏洞察和完整效率解决方案。新商业形态不仅直击消费者痛点，更在提升全行业平均效率水准上实现了体验优化和效率共振。

只需在App或微信小程序下单，即可享受顺丰30分钟“慢必赔”的服务，瑞幸咖啡用这样的方式给用户提供在任何场景享用咖啡的幸福感；3公里范围内，30分钟让生鲜到家，盒马鲜生用这样的方式给用户提供鲜美生活的绝佳体验；两小时送达，每日优鲜用这样的方式重新定义消费者的生鲜消费体验，让每个人随时随地享受食物的美好。区别于传统零售，在高效送达的背后，在新零售“货找人”的背后，是整套线上线下全数据化的供应链系统，是人工智能和大数据优化的配送机制，数据承载着汇总、存储、分析、流通等重要任务，为线下提供最准确的决策依据。

图4-2：盒马鲜生主打的每日更新食材

优秀的供应链技术让瑞幸咖啡的扩张显得更加大刀阔斧。以门店织成的咖啡新零售网络会更加密集，生长会更加迅速。不断增多的门店意味着更短的配送时间、更广阔的人群覆盖，瑞幸咖啡将这寄托于强大的数据化供应链系统上，前端体验依托后端的供应链能力，后端供应链能力搭建于前端规模。

英国著名供应链管理专家马丁·克里斯托夫这样说，“21 世纪的竞争不再是企业和企业之间的竞争，而是供应链和供应链之间的竞争”。显然，这是一场供应链本身的革命。

当外卖成为越来越多消费者的日常，市场对配送效率的要求日益严苛，并最终促成了对传统物流体系的颠覆。以互联网为依托，以大数据、人工智能为技术手段，经历挣扎蜕变的新物流供应链绝不仅仅是通往新零售的高速公路，更意味着全行业生产方式的升级、流通渠道的改造、业态结构的重塑、线上线下的融合，以及商业生态的重建。互联网能力使得产品和生产管理效率质变式提升，也使用户在效率和服务上同步满足。在过去的 30 年里，星巴克一直沉浸并执念于“第三空间”，但零售的本质是满足不断变化的客户需求，在烘焙工坊和甄选门店发布前，星巴克徘徊日久。人，作为新零售中最重要的维度，是所有产品和服务的中心。从前“人找货”的模式，已成为“货找人”的现实。拼多多正是利用分布式 AI（人工智能）和柔性供应链精准货找人才成就瞩目的新物种奇迹。更多创新零售要做的，就是如京东一样，将产品“多、快、好、省”地送达至消费者手中。

盒马鲜生运用大数据、移动互联、智能物联网、自动化等技术及先进的设备，实现了人、货、场三者之间的最优化匹配；瑞幸咖啡通过一整套技术系统，实现了从前端到后端整个数据和信息化的打通。用户被数据表征，数据实现了整个供应链行为的优化和补充。当全产业都在关注供应链流程再造，再分配通过技术提升供应链的效率来完成。App+极速外卖+高密度店网+线上线下全空间，以及高关注度的社交营销和补贴，开启了属于咖啡界的瑞幸新零售模式。

以人为核心的资源聚合

效率提升带来成本下降，同时，也进一步提升了资源的流转效率，整合资源、交叉资源成为企业进一步满足用户体验而发起的产品行为。2018 年 4 月，腾讯视频的超级网络综艺《创造 101》火爆全网，是女团行业乃至整个偶像行业资源聚合的结果。节目筹备之初，相关工作人员走访国内外 400 多个女团，最终才从 13 000 多个少女中选出节目中出镜的 101 位。作为流量资源和内容资源整合的代表，《创造 101》与观众达成了不同层面的情感交互，而供应链重构的要义也在于此，《创造 101》最终章的主题为“创始人见面会”，谁是创始人？投票的用户。所以我们说孟美岐、吴宣仪、王菊、杨超越C位[①]出道，准确地说其实是用户C位出道。

瑞幸咖啡用普惠的价格、优质的产品、高效的配送连接用户，其背后是瑞幸咖啡的核心产品团队，是来自大师团队独特的咖啡豆拼配秘方，是包括全球顶级咖啡机制造商瑞士雪莱（Schaerer）与弗兰卡

① 网络用语，即Carry或Center，核心位置的意思。——编者注

（Franke）公司、世界百年糖浆品牌法布芮（Fabbri 1905）公司、全球最大的乳制品企业恒天然集团（Fonterra Co-operative Group）、全球前三的咖啡生豆贸易商三井物产（MITSUI&CO.）、亚洲规模最大的专业咖啡烘焙厂之一的台湾源友（Yeuan Yeou）等一批优质供应商。而为保证咖啡口感，承诺超过 30 分钟“慢必赔”，则是与顺丰合作，建立依据大数据实现的订单预测信息系统。英国生鲜食品公司百卡弗、美国食品公司百麦和中粮集团合作，成为瑞幸咖啡进军轻食领域的能力模型。

图 4-3：瑞幸轻食 -Boss 午餐

2018 年 9 月 6 日，瑞幸正式上线微信小程序，与互联网巨头腾讯达成战略合作，联手探索大数据、移动互联网、人工智能等技术在线下场景的应用转化与微信小程序的智能化营销，共建咖啡“智慧零售”解决方案。这次合作，加速了瑞幸对于线上流量的获取，线上线下的互动模式得以更加顺利和广泛地展开。传统咖啡依托门店做品牌的惯性思维被移动互联网的场景算法持续打破。

优质资源组合是新零售标配，强强联合的破壁之举，催生出更多新业态和新手段，实现了“1+1 ＞ 2”的效果，为商业提供了更为广阔的想象空间。传统的资源整合，往往以企业为主导。如今的资源组合是以用户为主导的商业行为，顾客在哪里，顾客的需求在哪里，资源的化学反应就在那里发生。

数据挖掘、社会化协同、智能设备、物联网场景，这些属于新时代要素的自由搭配与碰撞，重构商业操作系统，使打破、颠覆、创造、自我否定在新世界习以为常，创造未来比预测重要，因为创造的未来，正在决定大部分人的此时此刻。

数字化下的物流再造

数字化时代，企业寿命、产品生命周期、争夺用户的时间窗口都在前所未有地缩短。我们所感受的每个领域，变化速度之快造成行业彻底洗牌的同时，也孵化多样跃迁机遇。数据驱动下的新零售边界和纵深度无法估量，其想象空间依然巨大。2018 年，华为将企业使命重新进行了界定，从“丰富人们的沟通生活”转变为全新内涵的表述——“把数字世界带入每个人、每个家庭和每个组织，构建万物互联的智能世界”。腾讯也宣布消费互联网到产业互联网的升级，连接之后赋能成为主旋律。

零售业态的革新、线上线下结合的背后，是消费及零售业商业模式的再造、物流与供应链运营的革命，数字化传递用户最微小需求的颗粒度表达，使企业关注每一个细节，并在细节上做到一人千面。正是这样的变化，让我们有机会从传统零售持续迭代，告别过去人、货、场的静态组合，升级到以消费者为中心，利用数据、人才、技术等资源组合，构建多维交互的人、货、场融合零售发展阶段。用户、供应链、物流系统、消费场景等各环节的数据化及串联打通后所改变的商业要素，推动着整个产业在连接中实现数据闭环。

2018 年前，星巴克始终以咖啡品质和顾客体验为由，在外卖领域犹豫不决。而瑞幸杀入咖啡市场，自带物流顺丰与社交裂变的加持，令星巴克猝不及防，新物流的零售生态也逐渐被关注。普遍认为，这也是星巴克坚决融入阿里生态的重要动因，此后与盒马鲜生及饿了么的合作也是外卖配送的效率使然。

随着物流大数据平台的逐渐完善，更开放、更协同、更智慧的物流革命悄然拉开大幕。与新零售的模式革新迥异，属于重资产行业的物流业即使发生变革，也是沉稳低调的。新物流作为新零售高效运转的通路，不仅是新零售的高速公路，也是数据不断精准的流通链路。以互联网为依托，以大数据、人工智能为技术手段，新物流的革命发生在各个领域，最终助力完成全新商业生态的重建。

新物流革新的每一步伴随新零售需求的改变。品牌的需求升级，催生了全渠道、多批次、少批量、快物流的转变；干线物流的模式升级，使订单驱动的直发模式、末端库存补货模式和快速专线物流成为现实；而以瑞幸咖啡为代表的新零售品牌，对同城配送升级提出了更高的要求。极致时效、个性化定制，对瑞幸的物流合作伙伴顺丰提出了巨大考验。物流云和数据协同成为大脑，云交通解决了路况和调度的难题，云运输使人与车得到合理安排，云计算为第三方在营销或补货服务提供精准依据。高度的数据协同使物流配送的每一个环节连接，高效、经济、透明、安全的超级物流平台以此完成搭建。

与新零售深度绑定的新物流，在可见的将来依然是巨头博弈战场和资本意志的狂欢。行业洗牌后留存的赢家，具备技术与服务的双重优势。极速配送成为常态，个性化服务更多元，这是属于新物流的履约未来。

咖啡效率美学

《左手咖啡，右手世界》一书这样描述咖啡的符号进化：“起初，咖啡是精英阶层提神醒脑的药用饮品；后来逐渐成为蓝领阶层休息的时髦提神饮品；中产阶级主妇们在厨房中讨论家长里短时，也少不了咖啡；咖啡还是热恋情侣浪漫的结合剂，同时也是失去自我的人唯一的苦命伴侣。咖啡馆为人们筹划革命、写诗、做生意、会见友人提供了场所。咖啡成为西方文化中的本质元素。”今天，作为互联网生活元素，在新物流和数字化技术的支撑下，咖啡正通过审美设计演绎全新的生活方式。

效率与美学共存

19 世纪末到 20 世纪中期的第一波咖啡浪潮中，速溶咖啡在机械化普及的时代背景下发明和兴起。咖啡作为大众消费品走进千家万户，并以牺牲品质为代价换来了世界范围内的迅速普及。

二战结束后，在美国西海岸的旧金山，毕兹咖啡正在以深焙咖啡丰富醇厚的口感引领社会风尚；而彼时，在遥远的意大利，蒸汽加压萃取的浓缩咖啡被广泛熟悉和接受，以此为基础变幻出的花式咖啡得以流行。这两股远隔大洋的咖啡风潮最终成为星巴克等一系列连锁咖啡店的灵感起源。

跨入新世纪，越来越多的咖啡爱好者视喝咖啡为一种体验。在美国精品咖啡协会SCAA的带动下，以精品咖啡为代表的第三次咖啡革

图 4-4：精品咖啡的制作过程是一项艺术

命应运而来。仪式感、体验感、个性化定制、生活方式这些词，与精品咖啡深度绑定，成为咖啡拥趸价值俯视的精神依据。

而自"精品咖啡"的概念首度被提出，精品咖啡就被定义为差异属性的工业化生产——人们通过消费"差异"将某种不确定的等级进行必要地划分并向某些范式归类。而正是以这些范式作为出发点，继续进行再生产，使得精品咖啡不再只是最终送到消费者口中的那杯咖啡，而是通过生产这杯咖啡的整个过程，成为一门手艺，一项饱含对极致的追求的艺术品。

聚焦当下，每一次商业范式的变迁都会带来产业格局的重塑，全新的用户需求催生了新的物种。今天，当技术对传统巨头发起猛攻时，一大批乘势而来的互联网企业冲破了零售的藩篱。咖啡市场，历经 3 次咖啡革命用户洞察的进化，属于数字化时代的咖啡新物种出现了。这一次，极致的效率与多元的美学体验被同时提上议程。

近两年的中国饮品消费市场，除却此起彼伏的新茶饮运动，豪华的"咖啡盛宴"一直在激流涌动。随着瑞幸咖啡携 10 亿资本强势入局，咖啡及泛饮料市场已然成为便利店之后，巨头和资本纷纷入局并争相竞逐孵化赛道及投资方向。受数字赋能的咖啡产业，在当下已成为席卷世界的统治力文化。某种程度上，它被扩展为商业生活的润滑剂；在更广阔的维度，咖啡又以芯片的方式塑造为不同城市的文化符号；城市的审美越来越取决于咖啡文化的多样性，品牌的进阶越来越取决于咖啡的连接性。不无夸张之处在于，即便是奢侈品的扩张，也常常以咖啡作为先导。银座的古驰咖啡和纽约第五大道的蒂芙尼（Tiffany）咖啡，都有着异乎寻常的IP影响力。

回顾咖啡业的发展过程，效率与体验始终难以同时保证。但技术发展为鱼和熊掌的兼得奠定了基础。大数据与物联网的广泛应用，既保证了门店的扩张和运营的标准化，也确保了顶级供应链的搭建和高品质产品的可追求性。消费形态在变革，分发渠道在变革，连接技术在变革，数字化精度同样在变革，这些围绕重塑用户体验的变革，正是以瑞幸咖啡为代表的新零售崛起土壤。

极致的匠人精神

随着消费观念的升级，国内咖啡市场日趋成熟，咖啡消费者的圈层进一步细分和拓展。当消费者在“低价即饮用”与“连锁现磨”两种消费模式中再也无法找到归属感与满足感时，了解和钻研咖啡的每一步制作工艺，获取个性化的消费体验便成为重要诉求。消费需求拓宽了垂直领域的赛道，精品咖啡的理念开始普及。咖啡场景从五星级酒店的早餐到更多咖啡厅生活方式空间的轻食（早午餐），咖啡文化演变为咖啡生活。

咖啡豆的种植、采摘、烘焙、制作到享用的每一步流程，都被视为精品咖啡重要的生产工序和产品组成。在高度机械化的今天，恪守绝对美学的手艺人坚定捍卫着从一颗咖啡种子到一杯咖啡的体统。种植培育咖啡的农民，挑选咖啡豆的生豆商，烘焙生豆的烘焙师，调配冲煮咖啡的咖啡师，以及心怀敬畏享受咖啡风味的消费者，环环相扣，才能成就一杯精品咖啡，缺一不可。这种注定慢而小众的品类，如何与规模性连锁平衡呢？第三次咖啡革命方兴未艾，但问题并未得到真正解决。

埃塞俄比亚的咖啡种植园自有一片独特的嗅觉结界，在8个月温和气候的包裹下，咖啡果终于进入成熟期。这是来自世界咖啡之乡最优等的阿拉比卡咖啡豆，未来值得想象和期待。但种植园的工人在采摘的时候，从不会那么浪漫，他们一心只想在参差的红里，选出最深沉的价值颗粒。

即使机器筛选生豆的技术已十分成熟，老派的生豆商仍然更信赖自己的眼力和手艺。经过两次机器网筛的生豆，已被剔除各种异物，仍能被最细心的生豆商挑出有瑕疵的残豆，他们在这份精细而重复的工作中获得强烈的满足感，如同完成一项伟大的工作。

烘焙师拥有一种魔法，实现咖啡从生豆到熟豆的华丽转变。当季豆经过悉心烘焙被赋予不同层次的甜酸苦。不同的烘焙师有自己执着的审美标准，每一批烘焙好的咖啡豆被标记上烘焙师的个性，或许也记下了他们某一次的勇敢尝试。

咖啡师完成一杯手冲精品咖啡是一场充满仪式感的表演。咖啡透过滤纸滴入容器中，跨越长久时间和遥远空间的咖啡豆终于被赋予了与生活最为接近的复杂滋味。当咖啡师把咖啡交到消费者手中时，一声满足的喟叹，是对这杯咖啡一生最完美的总结。

对于每一个“一生悬命”的职人而言，他们执着一生的技艺只是一件再寻常不过的事。或许你曾认为那些不同寻常的器物才是我们颂扬的匠人精神，但当代的匠人文化其实更接近于我们的日常使用。即使与科技的结合发生在生活的每个角落，咖啡行业最精致的存在却始终带有人类真实的温度，对品质和匠人精神的投入从未改变。

道器合一

雀巢、星巴克、咖世家、蓝瓶咖啡、乔咖啡（Joe Coffee），速溶咖啡到连锁咖啡再到精品咖啡，在机器设备和技术的升级中，咖啡市场的份额得以划分，品牌地位得以建立。而技术冲击除了产业价值转移，也带来生活方式、消费行为的变化，甚至生存意义的重构。技术作为商业发展的重要引擎，使每个人重新定位，也使每个企业在其中找到自己的逻辑适配体系。

60 年前，沃尔玛通过发射自己的私人卫星，建立仅次于美国中央情报局的民用中央数据处理系统，可在 1 小时内完成全球超过 4 000 家门店的商品库存、销售和订单情况盘点；60 年后，亚马逊以大数据和云计算的技术切入，强势抢夺沃尔玛的市场。

实现国内开 500 家门店这个目标，星巴克用了 12 年，而以新物种姿态杀出的瑞幸仅仅用了 5 个月。外卖和快递在技术支撑下为商业提供加速度，顺应了市场需求。对瑞幸咖啡而言，在互联网电商大规模杀入线下市场的背景下，用典型的互联网思维对传统咖啡业进行了入侵，以令人咋舌的速度按下了独有商业形态的启动按钮。瑞幸以大数据与物联网实现的连接，从物理世界到数字世界到网络世界再回到物理世界。每一次选址，每一次订货，每一台工作中的咖啡机，都在精确的监测下有条不紊地进行，产品质量、客户体验与便捷性在瑞幸凭借数字化实现了统一。

图 4–5：瑞幸的三位世界级咖啡师（上：井崎英典；左下：潘志敏；右下：Andrea Lattuada）

如果不是类似喜茶（直营饮品店）的这种充满期待的排队等待，这种无谓的等候对于消费者而言常常并非意味着享受。无人收银的消费模式为瑞幸用户实现从下单、支付到取货的一站式服务，告别排队和等待，消费者得到更为便捷的咖啡消费体验。品牌崛起诚然需要创造性，但消费者体验和产品品质才是品牌持续的核心价值。让体验升维，是以瑞幸为代表的新零售品牌在用户体验中最打动用户的精准表达。

目前咖啡界的三大精品咖啡协会，美国精品咖啡协会（SCAA）、欧洲精品咖啡协会（SCAE）、日本精品咖啡协会（WBC），几乎共同承包了世界上所有重要的咖啡赛事，世界咖啡师大赛、世界咖啡滴滤大赛（WBCC）、世界咖啡拉花大赛（WLAC）等世界赛事——可以说是咖啡界不同单元的奥林匹克竞赛。瑞幸咖啡将 3 位世界咖啡师大赛的冠军（WBC2003 年意大利区冠军 Andrea Lattuada，WBC2014 年世界冠军井崎英典，WBC2017 年中国区冠军潘志敏）收入自己的核心产品团队，让大师级的产品团队把控包括生豆选择，咖啡豆的烘焙、拼配、保存和冲泡流程、工艺，为机器所不能为，目的是保证咖啡品牌独特的产品风味和稳定的品质。

技术与人的结合促成标准化与个性化的和谐。瑞幸的道器合一，本质是数字化的零售算法、咖啡的流程可视化与咖啡师手艺温度的协同和平衡。

咖啡商业认知的价值分野

互联网社会最重要的特征就是连接，是人与人的连接、人与信息的连接、人与物品的连接、物品与物品的连接，万物互联更像是一次关于连接的连接。连接给实际商业带来的价值深度与广度是非连接环境下的商业无法比拟的。激烈的市场竞争中，企业在不停地寻找与用户之间最亲密的连接感。

生活方式先行

如果一个产品能够吻合或者引领消费趋势，一定会很畅销。反过来说，畅销的产品，一定活在消费趋势里。苹果手机、智能牙刷、扫地机器人、猫王收音机、瑞幸咖啡等品牌的畅销，都是如此。

分析畅销趋势，我们就会很容易找到消费者的共同逻辑：进一步实现“美好生活”的个体目标。追溯既往的商业逻辑，工厂完成产品的生产，再去寻找通路，通过销售渠道与消费者实现连接。貌似复杂实则简单的线性。现在，年轻消费者在生活大目标的驱动下，成为比以往任何时候都独立和有主见的存在。如果产品传递的信号无法被消费者正确地接收和关注，那么商品与消费者，尤其是新一代的消费者，就很难进行“沟通”，建立连接。沟通缺失，品牌就再难取得消费者的信任，更遑论参与共建他们的生活方式。

2007年，苹果发布第一代iPhone（苹果智能手机），乔布斯说，“苹果重新发明了手机”；10年后，全球智能手机普及率高达63%，以科技重新定义了人类的生活方式。在中国，小米代表着另外一种生活方式，游戏化的通关机制与极客认知的高性价比正是小米生活方式的“护城河”。Keep（有社交属性的健身工具类产品）将家庭和城市的运动场景与云端连接，打造了全新的健康生活方式；以女性用户为主的小红书则把分享找到想要的生活作为生活方式的一种。

事实上，生活方式进化理论在各个行业都已深入人心。迪卡侬、优衣库、全家、7-ELEVEN、京东、拼多多一直致力于削弱消费者的搜索行为，赢得消费者对零售企业提供商品的信任，不断引入恰到好处的单品，设计更符合消费者期待的品类宽度与深度，不动声色地嵌入消费者的生活方式。他们也是最先被消费者们喜爱并长期光顾的首选。

产品不再是功能和服务的代言，它已变成用户需求和产品价值的延伸。产品外延被放大。跨界，为什么是消费转型升级最重要的关键词？就因为跨界代表了生活方式的进化和演化。这就可以理解，为何塑造生活方式理念的集合店与买手店成为热门。北京工体北路的Algorithm风格算法，是一家集餐饮、时装、首饰、家居用品于一体的生活方式集合店。30多位独立时装设计师品牌和来自世界各地颇具格调和品位的首饰、家居配饰，有序分布在店内，让你很难把这家店与餐厅联系在一起。而更广为人知的诚品、言几又等以书店为核心的创意生活集合店的特色在于，以图书为基础，为读者创造更具包容性、以体验式服务为核心的城市文化空间和概念工场。

图 4-6：曲美和京东联合打造的高聚合度生活方式集合空间

集合店力图提供一站式服务，品牌也开始谋求与知名设计师或明星合作推出联名款，将独立人格和个性化的生活方式与品牌融合，获取更强的竞争优势。而更多品牌已不满足于本行业的成就，它们无一例外看上了咖啡和咖啡生活。2017年7月7日，以个人护理和家居产品起家的法国品牌欧舒丹在南京德基广场的全球首家“南法之光”慢咖啡馆正式对外营业，将品牌专柜与咖啡店合二为一。4个月后，同样以护肤品而知名的科颜氏在北京三里屯打造了大陆首家科颜氏咖啡厅（Kiehl’s Café），成为时尚潮人的热门打卡点。瑞幸咖啡联手作家冯唐，在寸土寸金的北京金融街开出了以“撩”为主题的咖啡店，同样是IP跨界的分众消费逻辑。

很多囿于租金高昂而藏身偏僻地点的精品咖啡馆原本生存艰难，但借助社交网络，使其网红化概率大增。种草、挖草、拔草，每个城市及每个社区都在形成有关咖啡的价值链接，这是消费升级的多样表达，也可以看作数字时代新场景的定义延展。咖啡正在进化为富有统治力的文化和卓有影响力的社交货币。

不确定中的确定需求

需求的多元化越来越表现在个性化的群体文化，个性群体的个性化需求，推动企业不得不利用大数据、系统、软件等一切资源深挖消费者群体。这种从满足需求到创造需求的过程，在需求链的自生和嫁接中越来越明显。

围绕“人、货、场”展开的一系列商业元素重构，需求是原点，牵一发而动全身。传统供应链是由“货”的不同场景进行管理、选择、预测、补给、促销的过程。而新零售需求链是从“人”的不同场景倒推商品的库存、生产、采购、物流的过程，学界总结为C2M（Customer-to-Manufactory的缩写，客对厂），又称柔性供应链。对于许多生产者而言，既要生产高质量的产品，又要保证产品以较低的价格出售，两者似乎是矛盾的。但在宜家创始人英格瓦·坎普拉德看来，成功设计生产并销售质优价廉的家居产品正是宜家之道，从好市多（Costco，美国最大的仓储量贩店）、阿尔迪（Aldi，德国连锁超市）、宜得利家居（Nitori，日本最大的家居连锁店）到米家（小米全新生态链品牌）、名创优品（平价时尚百货连锁店）、诺米家居（NOME，家居新零售店），这种普遍性正在印证供应链发起的品牌革命何以大行其道。

一直以来，零售的根本都是“人的需求”，并将“人的需求”转为恰如其分的商品。现在看来，人的需求越来越多元化，用户希望产品是“功能、特性、心理”的统一，是立体的并能满足更多需求的复合载体。我们正在进入一个不惜一切代价满足用户最微小的需求的时代。从过去我们理解的千人一面，到千人千面，现在已经进化为一人千面。个性化规模时代近在眼前。部落共识正在定义今天的商业常态。越来越多的连接使认知不断被族群化匹配，这意味着大众共识的消失和个人意识的觉醒。就像《创造 101》和《偶像练习生》等综艺

图 4-7：电视剧《知否知否应是绿肥红瘦》

节目的火爆，与《延禧攻略》和《如懿传》等电视剧的差异一样——审美和认知都在被不断圈层化。

野蛮生长的瑞幸咖啡与传统咖啡巨头星巴克的命定之战，其实并非两个相似品牌在行业竞争的擦枪走火，更多是关于咖啡认知的商业分野。恰恰是以瑞幸为代表的咖啡普惠品牌，和小米、快手（短视频App）、微信、VIPKID（少儿英语教育机构）一样，使那些最难被接入的人因此进入了更大的世界，习得了与以往截然不同的生活方式。

C位角逐

用户愿意为有着独特价值点的商品买单。

瑞幸咖啡以普惠的价格提供星巴克的产品和体验，并以可外送作为价值点，将自身与定位为“第三空间”的品牌咖啡和草根定位的速溶咖啡直接区分。

人们常常觉得，优质的商品和真正的实惠很难达到平衡，这里说的实惠是普惠，不是“限时促销”、“节日折扣”等销售手段和促销方式，更不是给消费者的“恩惠”和“赏赐”，而是产品给用户传递的基本态度和价值观。

2018年在纳斯达克上市的拼多多，借助腾讯的社交流量入口快速发展，异军突起，圈定了三线、四线、五线甚至更偏远地区的消费者，与快手、趣头条（新生代内容资讯App）共同成为小镇青年和下沉流量的出口。表面上看，创始人黄峥本身有做游戏产品的经历，这给拼多多的“关系团购”玩法增加了趣味性，在拼多多App上的“限时秒杀”、“转盘领现金”、“现金签到”等小功能，就是它增加购买趣味性最好的例子。包括微信讨论群和朋友圈的拼团动作，都使得社交裂变成为现实。仔细深究，微信红包、朋友圈、拼多多，都是真实的“普惠”。

所以，创新是在何时发生的？当具体、生动的人产生需求并可能得到满足的时候，创新便发生了。消费者的需求始终围绕连接和更好的连接展开，而不同时期的技术变革、人口结构变化、消费观念的转变，为消费者的需求画上了不同的时代底色。咖啡商业化的变迁，如同茶道，都很好地诠释了这一点，向残缺致敬，也弥补残缺。

我们习惯于咖啡消费中的功能与意义的叠加，当功能与意义剥离，新的机遇随之而来。中国社会从来不是一个统一的大市场，我们的贫富差距，以及庞大的中间值，代表着人群的需求多元化。任何众所周知的事情都有1亿人不知道，知名纪录片也好，流量明星也罢，甚至是10亿人的惘然无知。市场的广阔需要勇敢创新者的试探，那些巨大缝隙性的空间需要被新物种填补。

Mercedes

第五章

咖啡+，场景的开放与融合（场）

固守旧日的世界，并非英雄。
我们的眼睛要看到更好的东西。
我们要为尚未遇见的生活而战，
为必然发现的新大陆而战。

“咖啡+”新场景

用智能手机刷朋友圈、刷抖音，是最普遍的社交场景；支付宝、微信支付重塑支付场景也重塑日常生活；淘宝、京东、拼多多引领新零售场景下的游戏规则逆转；人工智能的发展使家庭陪伴场景、无人驾驶场景的想象日益真实；5G[①] 的商用步伐临近使家居物联网爆发近在咫尺。

移动互联乃至智能互联时代，“场景”这个影视用语，开始显现更为丰富的内涵。当下的场景，常常表现为与游戏、社交、购物、视频内容等互联网行为相关，通过支付完成闭环的应用形态。这也是我们所讨论的应用场景。当你在王者荣耀、微信杀掉海量时间，触发绝对沉浸式体验的时候，互联网的超级入口正在为你也因你而敞开；而当你使用微信或支付宝在购物、约车和点外卖等行为来实现日常生活

① 第五代移动通信网络，其峰值理论传输速度所达每秒数 10Gb，比 4G 网络的传输速度快数百倍。——编者注

中的交易时，你已身处确切的支付场景。毋庸置疑，移动互联把人与一切供给和需求通过场景串联起来。

所以，当我们在说场景时，是在说以人为中心的细节体验，是万物互联的连接方式，是价值交换方式的变革，是生活方式的全新表现形态。

科技发展让世界变得更美好的同时，也让我们面前的选择越来越多。同城出行，有人坚持常规的公共交通或自驾，有人选择共享单车，有人成了网约车的受益者；家庭采购，有人把大型超市的精挑细选和实地采买当成温暖的仪式，有人在双 11 鏖战到深夜只为以更加优惠的价格清空手机里的购物车；阅读，有人享受睡前妥帖的灯光、舒缓的香薰和手指摩擦纸张的触感，有人在嘈杂地铁里用一台 Kindle 就自有天地；说到咖啡，星巴克打造的"第三空间"是好的，独立咖啡馆里别无二家的个性调配是好的，手机下单后 30 分钟内送达的"小蓝杯"咖啡也是好的。不同的选择给了我们差异化的体验，而体验决定了我们对场景的倾向和搭建方向。

新场景的出现，迭代了我们的体验，为个人的幸福感提供了更加具体的可行性方案，场景越发细分和精准，个性化规模时代已经到来。电商会员账号是你的一面，音乐流媒体账号是你的一面，社交短视频账号是你的一面。置于同一场景下的每个人看上去如此相同，但他们的每一面集合起来又截然不同。

未来的生活图谱由具象的场景定义，未来的商业形态也会成为不同场景的巧妙结合。新的体验，伴随新场景的创造；新的需求，伴随对新场景的洞察；新的生活方式，也就是一个新场景的流行。场景定义了我们的人格，定义了我们的付费规则，也定义了我们的生活方式。

体验店复活

晨光文具长期以来做的是6万家门店的B2B① 业务，但是现在要通过大悦城等商业购物中心开设九木杂物社直接面对消费者；小红书线下体验店变成潮人打卡胜地；Keep线下健身房已经成为人们的谈资。露露柠檬（Lululemon）凭借生活体验馆计划，从2015年一度传言会被安德玛并购，到2018年市值已经是安德玛的两倍，分析认为，

图5-1：Keep线下健身房

① Business-to-Business的缩写，是指企业与企业之间通过专用网络或互联网，进行数据信息的交换、传递，开展交易活动的商业模式。——编者注

以露露柠檬伦敦旗舰店转型为包括轻食、香氛、瑜伽私教在内的生活方式空间为标志，这是瑜伽品类的胜利。此外，还有各种形态的复合空间，苹果、三星、OPPO的旗舰店，言几又、方所、茑屋书店的“书店+”（书店PLUS），衡山·和集、余德耀美术馆、顺电味、雅昌艺术中心，以及各类型买手店、城市会客厅、酒店等，这些复合空间正在创造一个又一个新业态，然后完整覆盖人们的原有认知和场景需求。

体验店的复活，是2017年到2018年零售业态非常重要的变化。这种变化是智能化改造、数据能力、彻底数字化，以及用户本身的审美升级和认知升级需求。体验空间就是时间的流动，社交空间就是人际关系，是彻底的社交网络化。通过空间化、场景化、用户心智的连接，不再以售卖为诉求，越来越多地表现为让用户花更多的时间沉浸，让用户体验成为社交内容，让用户体验成为案例推荐，成为分享和转发的诱导。

每个品牌都必须自成一个小生态吗？需要协作机制和接口能力，以便让各自的产品在不同的场景中完成“产品+”吗？针对真实用户的痛点或者用户甜点的场景解决方案会因此形成吗？空间开始“时间化”，空间时间化的机制是刷新，空间也因此复活。

咖啡馆里的梦想与现实

在资本和行业巨头的夹缝中，有一类关于情怀和理想的存在——私人咖啡馆。村上春树说，“如果一个城市没有愿意开咖啡馆的人，那这个城市无论多有钱，都只是一个内心空虚的城市”。无数怀着咖啡馆梦想的文艺青年们，都幻想自己能在城市的喧嚣、嘈杂中辟得一处安宁之所，你可以在这里谈人生、谈理想、谈爱情，没有朝九晚五的单调生活，没有表里不一的人际关系。

但真实的情况却远没有如此诗情画意。拥有一家咖啡馆固然愉悦，给你带来的精神享受绝非一家奶茶店所能比拟。但必须认识到，咖啡馆所带来的苦恼和挫折也更为复杂，“眼看他起高楼，眼看他宴宾客，眼看他楼塌了”，是无数咖啡馆情怀背后的残酷现实。

参差咖啡的老板王森认为，他的一切行动只是为了实现一个小小的愿望——“开间小小咖啡馆”。为此，他放弃了经营稳定的公司，做一个拒绝所谓事业，拒绝所谓成功，拒绝所谓主流，拒绝贪婪，拒绝诱惑，拒绝挑战，拒绝打拼，拒绝奋斗，拒绝繁复的人，只要简单的快乐。参差咖啡的名字，源自英国哲学家罗素的“须知参差多态乃幸福之本源”，奠定了参差咖啡可以以各种各样形式存在的基调，王森的每一间咖啡馆都有着来自创办人个人旨趣的差异化，满足他实现小小创意的冲动。一个真正的咖啡馆创始人，大抵都是热爱自由的。在王森看来，开一间小小的咖啡馆是对自由最好的诠释。当喝咖啡成为一种生活方式时，开咖啡馆是另外一群人的生活方式。

对于一家独立经营的个性咖啡馆而言，咖啡是生活的点缀，老板才是镇店的灵魂。当消费者放弃标准化、品牌化的咖啡时，私人咖啡馆带来的是什么？是包裹感、存在感。咖啡馆老板与客人沟通、交流的过程，是在群居社会为大家提供了解自我、了解集群的过程。所以，在私人咖啡馆，我们看到了更多孤独的人，也看到了更多情感的流动。我有故事，你有咖啡吗？

咖啡场景新范式

下午3点半的阳光恰到好处，穿过云层、树叶，细细碎碎地筛落，透过被擦得透亮、大大的落地窗照在餐桌上。空气中弥漫着的咖啡香令人餍足，舒缓的钢琴曲不吵不闹不突兀，木质的桌椅厚实稳重，布艺沙发宽厚包容。买好咖啡就离开的人，在店内悠闲聊天啜饮的人都得到了自己想要的。这是我们习以为常的咖啡店日常，是我们说的美好与小确幸。

在碎片化的传播情境里，“体验”是决定用户消费意愿、消费动机乃至最后转化环节的核心。当代表价值敏感性的体验成为首要法则，体验经济成为圭臬，对于既有的商业逻辑产生了深远的影响。而场景作为体验的直接载体，反映消费精神的变化，是体验美学的场景经济范式。

舒尔茨将星巴克定位为除家和办公室之外的“第三空间”，把握了体验经济的第一波浪潮，使星巴克成为全球咖啡巨头。作为“家里前廊的延伸”，人们可以在星巴克自在相约。从此，现代咖啡馆的定义得以确立。事实上，近年来，越来越多的品牌开始打造“生活在别处”的新场景，以承载消费者的情感记忆和共鸣。而咖啡馆载体，既能反映品牌故事和文化，又能展示品牌的细节和体验层次的丰富程度，同时还能形成消费者强烈的情感连接。在咖啡馆，设计越独特，细节越多，体验越丰富，场景感就越突出。汽车品牌奔驰与雷克萨斯分别以咖啡馆、料理、酒吧等元素探索生活方式的努力堪称近年来场景案例的典范。

图 5-2：梅赛德斯－奔驰的跨界生活体验空间：Mercedes me外滩体验店

弗莱德·西格尔咖啡（Fred Segal Caf）是王老吉与美国品牌弗莱德·西格尔（Fred Segal）一起打造的复合咖啡店。坐落在台北的弗莱德·西格尔咖啡一改王老吉的传统基调，采用红蓝搭配的迷幻灯光，让人分分钟有夜店蹦迪的错觉。店内的工业风水泥墙、炫目霓虹灯和鲜活的绿植，让你完全无法把这家店和王老吉联系在一起。在这里，你可以享用茶饮、咖啡、甜品，购买超过 50 个潮流品牌的服饰、箱包、香氛等生活杂物。而由王老吉和弗莱德·西格尔共同打造的饮品品牌Wang 1828，突破老派凉茶的风格，结合更年轻的现代元素，明艳的色彩和清新的口感不仅彰显了变革的野心，也博得了年轻人的好感。

而在北京的山下的西五（C5）咖啡又是另外一种逻辑。店内装饰极少，灰中带白，整体配色恰如一幅留白山水画。"哥斯达黎加赫尔巴夙庄园日晒"是店内菜单上特别标注的推荐款，不但保留了红糖特有的甜感与饱满持久的尾韵，更有红酒、杏桃，以及兰花的香味。另一款“埃塞俄比亚耶加雪啡阿宝G1水洗”则在传统埃塞水洗的柑橘果香之上，增添了桃子与蜂蜜的香味，不仅酸香明晰，更能在晾凉后品到绿茶风味。当店员状似无意地告诉你，此时此刻听到的背景音乐是来自窦靖童亲自挑选，在山下C5消磨掉的短暂时光似乎更值得珍藏和善待。

图5-3：设计别致的山下C5咖啡

2018 年 11 月，北欧家具品牌HAY在东京潮流地标、表参道上的GYRE商场地下 1 层，开设了全球规模最大的一家分店 HAY TOKYO。660 平方米的空间，除了引入限定的特别设计款，更是入驻全球首家HAY 咖啡厅，融合书店和绿植店，备受东京年轻人欢迎。坐在被各种好物围绕的HAY咖啡厅，小嘬一口咖啡，每个瞬间都惬意愉快。

时尚跳脱或是返璞归真，皆为咖啡场景。移动互联网的发展，使我们的生活空间不断与新旧事物融合，以咖啡带来新的跨界体验，全新的场景被烘托，而全新的品类也因此被创造。品牌将更多的精力用在与消费者建立情感连接。而为用户提供价值，需要新的场景解决方案。当用户体验超过期待值的程度越高，品牌与消费者之间的情感联系也就越发紧密。

非凡跨界

熊彼特认为，创新就是建立新的生产函数，把从来没有过的关于生产要素和生产条件的新组合引入生产体系。创新是“不断地从内部革新经济结构”的“一种创造性的破坏过程”。跨界连接击穿场景与场景之间的区隔，从而形成新体验、新品类和新价值，正是熊彼特所谓的创造性破坏。场景体验构成商业价值的首要维度，跨界的重要性不断凸显。

跨界成为常态

互联网为跨界整合提供了前所未有的便利与高效。物质生活的极大丰富，使消费超越了传统商品售卖逻辑，成为个性化身份和情感需求的确认过程，对买与卖的过程的价值有了更高期待。人们对产品和服务的点状印象被彻底打破。传统概念的行业区隔日益模糊，跨界连接给了品牌新的商业生命力。

现在，越来越多的奢侈品、快时尚品牌都开始把发售跨界产品和联名企划当作核心品类打造。结合滑板、嘻哈（Hip-hop）文化的潮牌Supreme，旅行箱品牌日默瓦，酩悦·轩尼诗–路易·威登（LVMH）集团旗下主力品牌路易威登，美国新晋街头潮牌Off-white在近年来都有不俗的表现，并借助社交网络获得了极高的全球性潮流声望。

显然，跨界已脱离营销范畴，成为全新的产品系列与品牌内容，成为新锐和力图革新的品牌的公司战略。

2001年，宝马和宝姿集团（加拿大时尚品牌）合作，生产和销售带有宝马标志的服饰产品。从此，宝马标志（BMW）所代表的不再仅仅是汽车，更是寓意活力、创新和成功的生活方式。2018年年初，世纪宝姿（BMW Studio）还以中国艺术家曹斐创作的第十八辆宝马艺术车（BMW Art Car #18）为灵感基础，设计开发艺术车（Art Car）限量胶囊系列，在香港巴塞尔艺术展展出。奥迪在跨界上也有创新。2015年SEEK柏林时装贸易展，奥迪把汽车设计灵感融入服饰系列，创作一系列成果并在时装展展出。2017年底，奥迪还与华胥国服饰在厦门举办旗袍融合汽车的展览。

2018年11月，纳入美团点评前的摩拜单车宣布与奢侈品牌路易威登达成合作，摩拜App中除了能看到路易威登（LV）《飞行、航行、旅行》展览首次在中国亮相的宣传海报外，它的车辆元素也改为路易威登展览的主题视觉，向用户宣传展览信息。在品牌上倡导“旅行的艺术”的路易威登，和主张“探索城市未知”的摩拜完成了一次默契的跨界。

更多的跨界。无印良品跨界酒店业，H&M、优衣库与高端设计师、时尚明星出联名款，游戏与影视共创IP……场景时代，跨界是所有维度的常态，每个品牌都可以具有互为连接的渠道，品牌动力机制被跨界激活。品牌的跨界伴随用户群流动。不同的亚文化族群，通过跨界，打破壁垒，形成了新的用户群。

跨界是潮流，更是内容刷新的必须。跨界的深度，正在成为体验经济的定价关键。为什么日默瓦与Off-white合作的透明箱一箱难求？日本“潮流教父”藤原浩联名路易威登大排其队？因为跨界生态下看到的新鲜场景与陌生细节，能够形成微妙的情感和体验，是稀缺的less is more（少即多），是购买独特。自然，跨界也能大幅提升零售业最关注的毛利率。从产品和服务类别角度，以跨界思维重新细分，会发现更广阔的研发思路和渠道能力，越是跨界的组合，越能孵化全新的品类。有场景、有跨界，产品和服务一切皆有可能。

“咖啡+”

以注意力为价值依归，场景一直以来都是以用户体验、交互黏性为中心的解决方案。当产品的功能属性和连接属性相加，IP属性与情感属性相乘，新的场景就此诞生。在创造新场景的过程中，咖啡以其文化的独特和休闲的审美，所扮演的角色越来越无可取代。

如前所述，几乎所有奢侈品、快时尚品牌、护肤美妆品牌都在谋划扩展自己的业务边界，谋求生活方式层面的定义。品牌从单一的领域横向切入多种业态，古驰与米其林明星主厨合作餐饮、时尚圈“老佛爷”卡尔·拉格斐（Karl Lagerfeld）和宝格丽开出豪华酒店、美国品牌凯特·丝蓓（Kate Spade）与蒂芙尼（Tiffany & Co.）开店卖茶壶和床罩……时尚品牌走向“生活方式”，他们无一例外都充分运用了咖啡形态。

坐落在米兰的普拉达光明酒吧（Prada Bar Luce），来自经典奢侈品普拉达和经典电影《布达佩斯大饭店》的灵感碰撞，复古气息十足的粉红粉绿的配色，随手拍都是满满的网红即视感。爱马仕将咖啡馆Café MADANG开到首尔，近侧有可供参观的爱马仕博物馆。无论室内装潢陈设，还是食物摆盘，都洋溢着爱马仕低调的高级感。同样是首尔，迪奥咖啡（Dior Cafe）则用素雅的色调昭示自己对空间的诠释，整个建筑设计更是花瓣一样独特。

图 5-4：香奈儿快闪咖啡店

咖啡馆所呈现的优势一目了然。西方文化赋予的调性和浪漫色彩，与奢侈品、轻奢品牌代表的底蕴有着天然联结，咖啡的社交属性在运营用户层面有着无与伦比的优势。

香奈儿通过跨界咖啡店运营品牌的IP化。其先后在迪拜、多伦多、东京市六本木区和上海市静安区、深圳市万象天地广场开出的快闪美妆咖啡店，每每成为城中热事。说是咖啡店，却不提供美式、拿铁，也不提供甜点小食，饮料甜品柜里，琳琅满目是口红、香水、眼影和指甲油，专业彩妆师现场指导妆容技巧。体验结束后，顾客可以换到真正的咖啡，但对消费者来说，那些店内印有“Chanel”（香奈儿标志）的咖啡杯、限定logo的装饰甜点，一切可以拍照的道具，以及徜徉其中的体验，才是潮人纷纷驻足前往的主因。

近两年，品牌咖啡店爆发：首尔爱马仕咖啡馆（Hermes Café MADANG）、古驰咖啡、迪奥咖啡、范瑟丝咖啡（VERSUS café）、香奈儿的可可小姐限时咖啡店（COCO CAFE）、普拉达光明酒吧（Prada Bar Luce）、酩悦·轩尼诗–路易·威登集团的Pasticceria Confetteria Cova咖啡馆、欧舒丹咖啡厅（L’OCCITANE Café）、Moleskine Café（意大利奢侈笔记本品牌的“文化咖啡馆”）、飞利浦智能咖啡馆（PH+COFFEE）、奔驰的梅赛德斯Me咖啡、HAY咖啡厅、宜家床上咖啡厅……咖啡馆成为品牌跨界的标配，奢侈品、护肤美妆、汽车、家居都纷纷开出自己的咖啡馆。选择以咖啡馆做跨界的时尚路由器，均以咖啡所具有的连接性为先导，给用户交付时间在体验产品，感知品牌推崇的生活方式与自己共鸣，从而将消费延伸到更多的生活方式品类。

每个倡导理想生活方式的品牌能否获得成功，往往取决于该品牌在多大程度上清晰传达出连贯而有创意的概念，并让顾客从中解读出自身的理解——品牌咖啡馆的目的就是这样。实体空间，强整合体验，让咖啡作为品牌本身的连接器，通过咖啡文化传达品牌倡导的理念。谷歌（Google）在国际消费电子产品展（CES）的独立咖啡厅、亚马逊实体书店联名树墩城咖啡也都是希望科技因咖啡的连接而更有温度。

《蒂芙尼的早餐》中，由奥黛丽·赫本饰演的农家少女霍莉·格莱特穿着小黑裙、戴着珠光宝气的项链和巨大的墨镜，在第五大道的蒂芙尼门口享用早餐，成功过上了她所向往的上流社会生活。2017 年蒂芙尼的全球首家咖啡馆蓝瓶咖啡馆真正在第五大道开业的时候，距离《蒂芙尼的早餐》上映已经过去 56 年。蒂芙尼如此之久才想到运用咖啡馆来构建品牌与消费者的连接，可谓迟到的选择。但更多品牌在当下主动选择了与咖啡馆连接，“狐狸屋”（Maison Kitsuné）就是其中之一。“狐狸屋”是前蠢朋克Daft Punk的经理吉尔达斯·洛亚（Gildas Loaëc）和日本建筑师黑木理也（Masaya Kuroki）在 2002 年创立的品牌，起初拥有独立音乐厂牌和一家小型时装企业。在买手店常见的“狐狸屋”的标识，一只狐狸。事实上，“狐狸屋”的成衣线已占到品牌利润的 80%，当其在全球开设 16 家专卖店，并拥有包括颇特先生（Mr Porter）、英国奢侈品零售商MatchesFashion和连卡佛（Lane Crawford）在内的 400 多家零售商后，“狐狸屋”也开始启动品牌与“生活方式”的连接。同样地，“狐狸屋”也选择从咖啡店开始。

图 5-5：《蒂芙尼的早餐》

“音乐+服装”两种业态被“狐狸屋”用咖啡店结合起来，用“狐狸屋”的市场总监Remi Le Hong的话说，咖啡店能活跃起目标受众，每一个来咖啡店消费的顾客，都有可能成为“狐狸屋”时尚和音乐的消费者。咖啡馆已成为“狐狸屋”扩大亚洲影响力，在印尼和大中华区开辟新业务的方法之一。在法国和日本的两家狐狸咖啡馆（cafe kistuné）获得预期效果后，“狐狸屋”开始与韩国三星合作，在首尔开设韩国的第一家包含“狐狸屋”咖啡馆的旗舰店，并将继续在韩国开设 10 家店铺和 5 家咖啡馆。

不仅仅是时尚品牌，书店和咖啡馆的结合也已不再新鲜，随着传统书店生存遭遇的各种冲击，在寻求转型的各种方式中，“咖啡+书店”成为简单又相对有效的模式，同样依托于咖啡的社交属性，提供深度阅读或深度交流的空间场景，将交付给顾客只提供购书服务的电商所无法提供的在地性体验。以领先的书店新零售品牌言几又为例，在60多家书店的营业额中，咖啡轻食的占比都已上升到40%左右，与图书销售占比旗鼓相当。

餐饮、便利店等各种业态都接入咖啡，我们看到越来越多的品牌，越来越多的空间，越来越多的城市，越来越多的社区都会选择咖啡作为最重要的连接润滑剂，咖啡成为核心的品位元素和城市芯片。全家甚至宣布自己的咖啡品牌湃客独立发展。在这些姿态各异的组合中，咖啡不再是寻常单品和标配饮品，而是场景的解决方案，咖啡置于场景之中，被选择，被重新定义，咖啡即场景。

无限跨界，无限连接

咖啡和运动、健身的天然关联很早之前就被发现，这种关联不仅强烈，而且正向。从2018北京马拉松（下文简称“北马”）到2018中国网球公开赛，从2018首届北京摇滚马拉松到2018中国男子篮球职业联赛CBA北控篮球队，再从2018沸雪北京国际雪联单板滑雪大跳台世界杯到“国内最美半马赛道”2018厦门（海沧）国际半程马拉松赛……瑞幸纷纷成为这些大型赛事的官方指定咖啡品牌。为何与这些体育IP做跨界联动？除了跨界用户群的共通性，还有当前都市兴起的健身风潮。

图 5-6：瑞幸跨界 2018 北京马拉松

马拉松近年来在国内发展可谓狂飙突进。我国 2017 年直接参与马拉松比赛的人数已接近 500 万，这一数字仍在保持高速增长。而大型马拉松赛事，除了直接参与者，辐射的用户群体更是指数级增长。热衷参加马拉松赛事的主力军，多为中产阶级群体和青年人，和咖啡用户的重合度也非常高——具有一定的消费能力，性格乐观向上，易于接受新鲜事物，且具有各圈层内的破壁影响力。2018 年 9 月 16 日的北京马拉松，瑞幸咖啡为参赛选手和工作人员提供咖啡饮品服务，在北京马拉松历史上还是首次。瑞幸咖啡通过组建跑团、直接参与，设立现场快闪店，为参赛选手提供咖啡等方式，深度参与北马。而在北马开始前，《紧急寻找北马 5004 号选手》的“刷屏 H5”（社交媒体平台上频繁出现的动态链接页面），将瑞幸咖啡卖点和马拉松赛事科普结合在一起，趣味性与实用性兼备，“笑果”出众，效果自然就出众。

在与大型体育赛事IP的联动中，瑞幸线下快闪店和运动场景结合的营销模式也渐成雏形。创造品牌与用户的触点，从而深化垂直场景体验。将产品体验与体育赛事过程中的兴奋感相结合，也加深了品牌之于消费者的主观辨识度。

大型体育赛事之外，瑞幸也发力全民健身场景，北京工体的瑞幸咖啡汗水兑换工厂店开张，这是第一家将咖啡馆开进健身房的主题咖啡店。开设健身主题咖啡店，能够持续不断产生高质量用户原创内容（UGC）。同时品牌方也拥有固定阵地进行运动场景营销和推广活动，形成调性一致、前后关联的原创内容。

图 5-7：瑞幸故宫主题咖啡杯套

传统与现代，沉稳与活泼，复古正流行——这是瑞幸咖啡与故宫的跨界。位于故宫的瑞幸咖啡实体店，从主视觉logo到软装设计，时刻展现出新旧碰撞的独具匠心。瑞幸标志性的鹿，以古老的香盒镂空雕刻工艺体现，佐以山川、劲松等原色相结合，自成一趣。咖啡杯套也印制着故宫建筑的简笔插画。故宫一直以不流俗、不落伍的形象传承文化，瑞幸故宫店的咖啡杯文案同样采用宫廷用语和搞笑段子的结合："有事启奏，无事来杯美式"，"今日宠幸，这杯瑞幸"，"大内特饮，奉旨提神"，"太和东，箭亭东，相约于故宫"……跨界，实现两个IP的个性化表达，形式就是内容，品牌的潮流感和标签能力在游戏化与定制化中被有效放大。

2018年8月1日，瑞幸咖啡在北京召开发布会，宣布正式进军轻食市场，并承诺2018年年底前，全国所有瑞幸门店轻食一律享有5折优惠。作为与咖啡消费配套的最自然搭配和咖啡业态组成，轻食始终是咖啡店重要的SKU，市场潜力巨大。星巴克门店销售收入中轻食始终是重要的利润贡献。而瑞幸咖啡+轻食的跨界，叠加以性价比吸引消费者复购，不仅加快培养国内轻食消费的习惯，也彰显了瑞幸的布局野心。在轻食领域，瑞幸整合英国最大的生鲜食品公司百卡弗、美国食品公司百麦和中粮集团3家优质供应商，提供与咖啡相匹配的麦芬、三明治、司康、卷饼等，彻底掀起一场来势汹汹的"5折轻食风暴"。

对于瑞幸咖啡来说，轻食只是一个伸向外部商业世界的触角。当一杯瑞幸咖啡的高品质格调与跨界场景产品相结合，就能在消费者脑海中赋予同样的高品质心智。这是"咖啡+"的简易之处，却也是今天品牌孜孜以求的理想国。

关于跨界想象，以咖啡为圆心和原点，可发散的范围无远弗届。这是一场没有尽头的烧脑游戏。瑞幸作为数字化的开拓者，正在实践着咖啡+N的无数可能。而最终，所有优秀的品牌都将以无限跨界实现品牌的创新和生命力的延续。实现这种模式的可持续性，通过数字化的运维体系和应用程序接口（API）完成。

甚至可以这样理解，一杯高品质的专业咖啡，是瑞幸撬开新商业领域的创新工具。沿着跨界工具，可以走进用户工作与生活，社交与学习的多维场景，直至自然融入其中，无法也不想区分。

新社交价值

数据流动之处方为场景，内容连接之处方为交易。智能互联时代，人与人之间的连接体系被无限激活，个人被网络赋能，在网络世界中协同进化。这是超级个体崛起的时代，是个体即社群的时代。

社群，场景的商业动力

21 世纪的商业，是忘掉商业，而去思考品牌与拥护者之间的关系。不同场景里，用户痛点和痒点的维度是不同的。当品牌能够准确定义场景时，就能精准定位足以引爆品牌或产品的亚文化社群。社群形成的势能是推动场景商业化的动力。

亚文化社群是超级用户聚集和生长的阵地，是品牌IP引爆的原点。一旦某个场景生态中，亚文化的力量和亚群落的表征开始显现，社群开始集结，未来的商业机遇和用户规模将难以估量。

健身是典型的新场景，二次元也是典型的新场景。它们关乎社交感、身份感的认同。在社交媒体上，宣扬自己喜欢健身，远比健身本身更为重要；宣扬自己生活在二次元，把自己与三次元割裂开来，远比你看过多少动漫、拥有多少手办更重要。这是对场景的描摹，代表所选择的自我确认。这种消费精神的外在表达，恰恰是社群感、亚文化这种可复制、可大规模传播的内容场景，使得用户被卷入其中。

咖啡能够成为新场景，它让你与酷爱奶茶、可乐、红枣枸杞养生水的人截然不同。咖啡+二次元，在东京秋叶原让你沉浸在AKB48咖啡馆，这种邂逅感不亲身经历便难以体会。咖啡+雷克萨斯，在东京日比谷中城（MIDTOWN）让你遇见，体验日为咖啡夜为酒吧的奇妙。咖啡+酒店，在纽约第五大道的艾斯酒店，体察热门咖啡厅与社交空间的关系。

图 5-8：日本秋叶原的动漫人物手办

个性化的场景生态是以人为逻辑、以体验为核心、以连接为中心、以社群为最大公约数的商业情境。如果一个品牌，捕捉到为特定场景定义的机遇，就定义了针对特定社群的影响力。因此，产品能够迭代，新的消费主张快速形成。在社群形成的最初，品牌通过自有内容建立与消费者之间的联系，通过联系将消费者转化为拥护者，形成社群。而社群不断反哺内容，使之成长为具有内循环特征的亚文化体系。这个体系不断跨界、融合，最终成长为独特的、具有生命力的"新物种"。其中咖啡扮演的是内容效率，是社交枢纽，也是物种气质和品牌调性。所以在今天，观察品牌是否契合价值观，最方便的思路就是试饮咖啡，甄别品牌咖啡馆的颜值、设计与风格，无印良品咖啡（café MUJI），摩西咖啡（Moussy café）在上海静安大悦城所表现出的气质差异，正是两个品牌受众的区别所在。

这就是以人为核心的社群思路。用户不再是用户，而是拥护者；品牌也不再重点突出产品和产品功能，而是要突出和用户有情绪共鸣的结合点。

可以说，社群是场景的商业动力，是新商业生态的基因，咖啡在其中承担的画龙点睛之笔，不仅助力大规模的内容传播和用户参与，也是场景力推动的审美载体。

无聊已死

每年春晚的微信红包、支付宝集福、百度和小红书红包派发与全民剁手"双 11"的朋友圈玩法一样，本质都是分享机制的游戏化参与，从滴滴、优步到摩拜、ofo小黄车到拼多多云集，共享，是这个时代最简单却最温暖的玩法。分享越多，获取越多；越多分享，越多获得。作为社交红利最重要的表征，分享机制定义了社交电商，社交零售，也是场景作为互联网入口的核心能力。我们可以说，咖啡作为社交货币，自带分享价值，但在数字化时代，如何设计品牌的分享机制本质是用户洞察设计和商业模式设计。

当代人善于在社交网络中寻求治愈，更多消费行为也在分享中蔚为大观。商品功能层面的需求不再是消费者选择的首要依据，能够满足内心所思所想成为最重要的购买准则。仪式感、鄙视链、骄傲或炫耀，我们开始为商品设计更多的玩法。

分享最大的主体，不是企业或第三方中介，而是每一个切实可感的人。用户“分享”优惠券、H5测试（社交平台的网页互动测试）、信息，都在无形中造就个人的社交价值。对于品牌而言，当人变成新的渠道，用户是传播者、分发者抑或营销者都已不再重要，重要的是人与人之间的信任和人格背书。这里的人格关系，在社会化网络中得以指数级增长，这也是场景在分享中爆发的原动力。

用户“分享”优惠券，给自己的社交关系链带来价值，因此获得更好的社交关系；企业借此以极低的成本获取新用户，产品获得新生。当瑞幸以分享吸引到更多用户时，我们很难界定谁在付出，谁在获益。“分享”使这个边界变得模糊。为企业带来的收益，远远超过它的付出。所以，分享即获取，分享越多，获取越多。是品牌，也是消费者本身。显然，产品的经营正在变成内容的经营，变成文化和价值观的经营。瑞幸所洞察的是社交咖啡之于当代人生活方式的具体利益，也是社交感赋能好产品的乘法效应。带有社交属性的有趣玩法成为群体狂欢的必备条件，这种转变，是任何品牌和个人都无法回避的现实，瑞幸不过是默契于大势所趋，顺应了社交产品游戏化的本质。

社交价值爆发

战略、产品、渠道、营销、流量、品牌，这些我们耳熟能详的关键词，今天都在被场景颠覆。而场景是人的关系的延展。

场景时代，企业获取新客户，个人获取影响力的渠道，都在发生着深刻的变革。场景对用户进行了重新的格式划分。场景思维下，品牌面向的目标用户更多时候是对不同细分场景的聚焦，如同在不同线下环境的不同人群，会因为喜欢同一个产品或者同一类服务聚集在某个线上社区，这就是一个社群。社群的形成，可能是居于这个场景拥有共同的价值观，或是对这个场景倡导的生活方式有着共鸣。

在信息碎片化的冲击下，注意力成为这个时代最稀缺的资源。但信息超载使得可信任信息的筛选演化为一种全新的商业模式。在同一社群中，自带人格信任机制的个体相当于一个内容磁场，也为社群中被碎片化信息埋没的众人提供了巨大的安全感和方向感。这就是自媒体KOL诞生的由来。当一个微信公众账号获得足够的注意力，以它为核心的社群就此形成，它最终将转化为用户的信任体验和人格化的背书，转化为真实的交易行为。

瑞幸咖啡的首席执行官钱治亚说："在移动互联网时代，人们的社交方式发生了巨变，并更多地出现在互联网上，以微信为代表将人们的社交变得网络化、多元化和场景化。”

在商业化的表达语系中，基于人而形成的信任代理通过自身内容和价值观的输出，确立了公信力，明确了其在某一特定细分领域的权威身份和话语权。以社群为单位的社交分享则意味着社交网络的持续发酵和指数级扩散成为可能。社交网络中，每一个品牌的拥护者都是传播渠道，个人的社交价值进一步凸显。最终，信任代理与社交分享所形成的传播势能，可以形成独立的平台能力和流量能力，甚至拥有流量分发体系。高质量内容的生产能力、针对性和人格化，并依此形成的高黏性社交关系链，正是基于人的社交价值爆发的燃点。

无限场景

多屏间的动态切换，成为移动互联时代用户的常态。以每一个真实具体的个人为中心的账号体系，从衣、食、住、行、玩等全维度保证了数据在各个场景中的相关性，最终也支撑了新的场景价值。数据流动性越强，可生成的结构性就越多，使用者关系也就越清晰，而我们描画出新场景的路途就越明了。

可量化数据

随着移动互联时代的到来，几乎每一个行业都被重新定义和改变。

移动互联时代，用户不断地在多屏间动态切换，这样的多屏场景是客观存在的，以人为中心的账号体系保证了数据在各个场景维度中形成相关性，最终也支撑了新的场景价值。数据流动性越强，生成的结构性也越多，使用者关系越清晰，新场景的创造也就越清晰。

车载导航记录了你每一天的离开与到达；音乐流媒体在大数据的指导下摸清了你的喜好，给你推荐的歌单总是熨帖的；家用智能摄像头让你随时能看到家中老人、孩子和宠物的状态，没有后顾之忧；智能冰箱为你播放养生秘籍，提醒你健康生活；即使是睡眠时间，智能床垫和智能手环也在量化我们的生活。今天是一个数据运营、用户经营的时代，场景的背后是可量化的数据。智能终端和结构化数据下的全场景体验形容了大多数人的生活。独特、精准，更契合移动互联时代的网络应用规则，大数据+场景激发了无限可能，催化出一种全新的O2O（线上到线下）跨界连接形态。

而日益便携的可穿戴智能设备生产和收集的可量化数据，是人的本身实现了量化。可量化的自我成为可量化的场景。数据，甚至比我们自己更懂我们。网约车App知道了我们常去的地点，外卖App知道了我们爱吃的口味，音乐App知道了我们对音乐的审美，电商App知道了我们需要什么……你是吃货还是玩咖，数据知道。而品牌在数据的指导下，大有可为。

当可量化的数据被收集，可量化的全场景体验被塑造，数据与场景之间的匹配成为品牌施展拳脚的空间。数据日益精准，场景设计日益精细，两者的结合将完成一次结构性的变革。经过整合结构化的数据，可以帮助品牌直击核心用户。这是移动互联时代诸多传统企业转型的机会，尤其是对体验感空前重视的服务业和零售业。

哲学家康德在《实践理性批判》中说道："有两种东西，我对它们的思考越是深沉和持久，它们在我心灵中唤起的惊奇和敬畏就会日新月异、不断增长，这就是我头上的星空和心中的道德定律。”数据已经渗透到当今每一个行业和业务职能领域，成为重要的生产要素，人们对海量数据的挖掘和运用，预示着新一波商业机会的到来。无所畏惧，有所敬畏，是我们在大数据的时代长河中，作为一个个微小的字节、字符，所秉持的最基本的态度。

传统咖啡的“数字化转型”

复制，是传统连锁咖啡店的秘宝——复制产品，复制与产品丝丝相扣的某种情感，复制消费者在购买或使用某个产品时的体验。星巴克显然是个中大师。我们也知道，星巴克的成功并不只是依赖于那杯唤醒你一天的晨间咖啡，而是在于“第三空间”的场景打造。

时至今日，属于星巴克的荣光却开始暗淡，关于“星巴克中年危机”的新闻甚嚣尘上。2018 年 6 月 19 日，星巴卡宣布将于 2019 财年关闭美国 150 家业绩不佳的门店，这个数字是其历史平均水平的 3 倍。6 月 26 日，星巴克创始人霍华德 · 舒尔茨正式离职。业绩下滑、内外交困之际，灵魂人物的离开，也给公司的未来蒙上一层阴影。依据星巴克 2018 年 11 月发布的最新财报，2018 财年星巴克 4 个季度的同店营收指标增长分别为：6%、4%、–2%、1%。而 2017 财年 4 个季度的同店营收增速平均为 6%。自 1971 年成立至今，星巴克几度兴衰。而这一次，它面临的是一场严峻的“数字化转型”。

本土市场增长见顶，互联网应用场景的高速发展，步入中年的星巴克终于意识到自身传统门店渠道日益暴露的弊端。同期，“互联网咖啡”的集体攻势之凶猛，使星巴克不得不在中国寻找一个实力强劲的本土化战略伙伴。此时此刻，阿里正高举“新零售”大旗，星巴克不能错失这位近在咫尺的同盟。

2017 年 9 月 25 日，随着星巴克与微信的排他协议到期，星巴克全面接入支付宝支付。自此，星巴克开始了与阿里的深度合作。

首先，星巴克和阿里巴巴将联手开创星巴克线上新零售智慧门店。消费者可以通过饿了么、盒马、淘宝、支付宝、口碑等多平台和星巴克自有应用等任一入口，访问星巴克线上门店，享受数字化体验。未来这些入口还将与星巴克星享俱乐部会员系统连接，最终实现“千人千店”。

另外，星巴克在北京、上海等地通过饿了么试点外卖服务，饿了么将为星巴克升级配送体系，配备专属团队，并依据外卖特性研发防泼洒设备等。

最后，星巴克还将与盒马合作打造“外送星厨”，进驻盒马的品牌外送厨房，最快将于今年 9 月落户上海和杭州部分盒马门店，延展星巴克外送体验和覆盖范围。

这可能是星巴克入华以来最大的转型，星巴克终于把会员开放给了阿里，并签订了 3 年的长期战略合作，星巴克甚至把自己的核心咖啡业务变成盒马的一项服务。这些开放的表现，都是为了继续把中国市场的故事讲下去。从目前透露的合作细节看，星巴克期望能借助阿里新零售来获取线上流量和外卖能力，拓展新用户并获得增量销售，通过阿里擅长的会员精准营销，提升会员的黏性。

这不是星巴克这位老牌行业巨头对数字化的第一次尝试。带积分计划的星巴克手机App和“数字飞轮”战略已经帮助星巴克在数字化方面完成了重要探索。但随着数字化进程的加快，消费者与企业对技术的依赖越来越重。如何紧紧跟随消费者习惯的转变，星巴克的探索之路还很漫长。成为一家用科技手段来经营的咖啡连锁店，还是一家用美味咖啡和舒适感来吸引消费者的科技公司，星巴克尚需思考。

咖啡“无限场景”的想象力延伸

时间回到5年前，在中国谈“咖啡文化”还是星巴克这类咖啡巨头的特权——那是“小资”们的专属场地，弥漫着小布尔乔亚的矜贵。而现在，咖啡门店里的顾客越来越多，环境也越发嘈杂，再也不复当初的模样。

格子间的电脑旁，那杯咖啡是用来续命的。无数个没有灵感的疲惫工作日和加班到凌晨的夜晚，咖啡都在见证着；略懂咖啡文化的人对咖啡则更为讲究，他们在朋友圈分享关于咖啡的冷门知识，分享手冲和虹吸技术在味道和颜色上的区别——对于他们，咖啡更像是一种社交工具；也有把咖啡当作日常饮品的人，他们喝咖啡就像喝茶喝可乐一样，只是一种生活习惯……

我们不再只是享受在咖啡馆里的时光，关于饮用咖啡的场景，我们有了更多的需求。而对于品牌而言，满足消费者对饮用咖啡场景的想象，成为一道难题。

2018年7月9日清晨，霍华德·舒尔茨来到了星巴克全球最大门店——位于上海南京西路的星巴克臻选烘焙工坊，在吧台前亲手制作了一杯帕拉迪西综合拿铁咖啡。

当上海超过纽约，成为全世界星巴克门店最多的城市，曾经拯救星巴克的舒尔茨将自己告别之旅的第一站选择了中国。其中的理由不言而喻，面对国际咖啡市场2%的增速，中国咖啡市场以15%的高增速的无限潜力和空间吸引着资本与玩家涌入，对于面临增长瓶颈，在美被迫关店的星巴克更是如此。

但中国仍然是“此消彼长”的市场环境。2018年瑞幸咖啡出现的时候，星巴克自认为对方并不会对自己构成威胁，更别提引起所谓的“战争”。但事实证明，瑞幸与星巴克并不是互补关系，对于重度咖啡消费人群，线上和线下从来都是一回事。

在高盛发布对瑞幸咖啡的调研报告中显示，瑞幸咖啡从门店选址到营销策略，都更快速地抓住了年轻用户的需求。24岁以下的消费者占到了瑞幸咖啡用户的48%。在选址方面上，瑞幸咖啡通过商业中心，以及写字楼区域开始辐射开店，同时，线上下单、“自提+外送”新零售模式也更符合年轻人的线上消费习惯。

瑞幸咖啡店铺的服务范围覆盖率堪称惊人。以北京地区为例，瑞幸咖啡55%的门店距离最近的星巴克不超过500米，16%位于500至1000米以内，同时瑞幸咖啡凭借外送付费，将辐射范围扩大到半径2千米，而星巴克只能吸引周边500米范围内的人到店消费。

星巴克在城市的选择上优先考虑几大三角发展区。截至2018年上半年，星巴克在中国内地进驻了145座城市，总门店数量已经达到了3 362家，数量最多的上海已经开出了663家店。进入城市内部再选址，中心商圈、旅游景点、金领白领商务区、大型交通枢纽都是最优选择，居住区与其他商务区是次选。

如果说星巴克选址选的是客流集散点的密集区域，那么瑞幸咖啡选址选的则是“无限场景”理念之下，满足多元化需求的差异化效率。通过旗舰店、悠享店、快取店和外卖厨房店 4 种类型的店面同时作业，瑞幸咖啡打破了咖啡消费空间的高成本壁垒。

“我们不只是外卖，也不只是堂食，而是满足移动互联网时代用户的融合需求。”钱治亚从创立瑞幸咖啡伊始就一再强调，瑞幸是以线上线下结合的新零售方式覆盖“无限场景”，实现产品、价格、便利性的均衡融合，为中国消费者提供一个高性价比、购买方便的咖啡选择。

线上下单，满足的是顾客“随时”之需，加上外卖即时送达，让热腾腾的咖啡迅速递至顾客手中；线下铺店，则满足的是顾客“随地”之需求，成倍地缩短咖啡送抵顾客的时间，在以不同的门店类型降低开店的边际成本的同时，还能最大限度地保证咖啡的香浓口感，让顾客有“随身携带的咖啡馆”之感，呼应“无限场景”，将这一看似抽象的企业战略，落地为顾客看得见——蓝色的白唇鹿店招、喝得着——手机一点就能一杯在手、感觉得到——走到哪儿都有咖啡相伴的表现。

想象一下你的日常：在加油站加油时转的便利店，健身房撸铁前的补给点，大学校园里走出教室后转换据点看书学习，通信营业厅里等号时找地方打发无聊，登机前或许愿意用一杯饮品填满短暂的候机时间……这些日常生活工作中最常见的碎片化场景，一杯咖啡的消费可以不受约束，“无限场景”得以发生，更得以延伸。

瑞幸第一家店开在银河SOHO，当时和瑞幸比邻而居的是一家重庆小面。当看到自家面馆旁开了一家咖啡厅，重庆小面店的老板的第一感觉是：同情瑞幸——他看到自己店的客流量很少，所以断定瑞幸的客流量也好不到哪儿去。但3个月后，瑞幸这家店每天的订单量已经达到1 500杯。瑞幸的流量不需要依靠线下，自然也就无须在选址和租金上“烧钱”。

相比快取店的即取即走，悠享店则是另一种完全不同的体验，提供了充分的时间和空间，让你放心地沉浸在咖啡的馥郁中。如同巴尔扎克所说“咖啡从到达胃囊的那一刻便开始拨动你的思绪”。木椅软垫，柔和的灯光，原木沉香和咖啡的醇厚丝丝相扣，桌上一整排的咖啡器具，木质高脚凳和构造复杂的陈列架使文艺复古的气息扑面而来——当你坐在武汉光谷K11（购物艺术中心）的瑞幸咖啡悠享店中，你经常会忘记时间的存在，对《功夫熊猫》里乌龟大师口中的“inner peace”（心如止水）似乎也能领悟三分。

而除去前期产品和供应链的投入，支撑无限场景运营的底层技术来自瑞幸咖啡的整个信息系统。帮助瑞幸咖啡打通前端与后端，实现数据的信息化。选址、地域产品价格调整、视频化招聘管理、员工培训等内部管理都依赖这套信息系统。在用户层面，它又实现了一种信息的“透明化”——如果你想，你可以通过系统看到你点的每一杯咖啡是如何制作出来的。

从此，任何一个你想喝咖啡的地方，都是你的咖啡馆。

在爱因斯坦的广义相对论里，时间流逝只是一种错觉，过去和未来并没有什么不同，都早已成为定局。

诗人和哲学家或许喜欢这个理论，商人却心有不甘。他们更愿意认为，宇宙可以创造自己的未来，个体也拥有塑造时代的能力。

而时代，无论是被描述成最好，抑或是最坏，都从不解释。

一杯提花上桌，

有切实的馥郁，许是匠人的坚守；

有精心的繁复，许是更迭的仪式；

也有一触即散的热闹，许是商业的必然。

啜饮的起落间，

有人灵感迸发，平地起高楼。

有人萌生禅意，输赢皆笑谈。

也有人苦苦求索，却终究求而不得。

酒酿良辰，茶煮时光，咖啡研磨历史。

商业一直在以自己的方式定义时代。

且满饮此杯，

宜沉迷。

宜进取。

宜再度发育。

第六章

小蓝杯的 2018—2019

创新者眼中，
未来从不仅限于想象。
陈旧的界限
一旦被突破，
我们很难再相信，
新世界曾经只是
许多可能性的一种。

产业颠覆

新零售、场景、体验、小镇青年、社群经济、微商代购、下沉流量、超级大众……当各种趋势新词不断轰炸社会意识时，我们的消费行为也在潜移默化被改变。经济下行的谨慎周期里，消费升级成为不得不正视的大势所趋——无论你是消费者，还是商品的制造者或分发渠道的构建者都要面对这样的现实：年轻人消费更纯的水，更精品的咖啡，也消费更优质的牛奶，更新的智能手机；消费更多的知识产品，刷更短的视频，也消费电商平台会员，更多样的社区团购。文化娱乐产业受到资本垂青，人们为“小而美”掏腰包毫不犹豫。

竞争之下，商业的确严苛，如何获得精准流量的红利？如何达成高转化率和高复购率？如何实现商品溢价？面对消费观念升级与消费分级的事实，从理念的畅想走向可期的现实，道阻且长却不乏宽容。咖啡所面对的机遇就这样史无前例地迎来了数字化的时代窗口。所有那些复杂的商业课题，都在咖啡产业最大的一次颠覆中迎刃而解。

时间窗口

从20世纪90年代至今，中产阶级的规模从几乎为零增长到超过2亿的庞大体量。无论是真中产，还是“被中产”，越来越多的人患上不同程度的网络依赖症，信息不对称现象被大规模消灭。无论生活在北上广深这样的一线城市，还是三四线城市，以互联网为中心的生活方式平台让我们随时随地足不出户接轨纽约、巴黎、首尔、东京的消费时尚。

消费升级的提出是因为信息环境本身的巨变，是互联网对我们生活认知的系统改变。当信息关注的成本大大降低，消费市场的长尾效应开始显现。过去备受青睐的大众化品牌因为缺乏个性和格调而被剔除，小众、个性化，甚至属于亚文化范畴的产品开始被列入年轻人的购物清单与杀时间选项。在大数据的支撑下，线上线下行为一体化不仅帮助电商平台、内容平台具备超强的智能推荐能力和海量丰富的SKU，各种“连接成本”也史无前例降低。

《疯传》一书反复提到的“社交货币”概念是我们理解消费上行的钥匙。选择高溢价商品，购买的更多是体验价值之外的社交价值——是话题谈资，是个性表达，是小众兴趣，是身份标签。咖啡承担着新中产的品位和格调，也是阶层鸿沟的弥合剂，更是个体生存的治愈系——所谓咖啡续命。

是什么在改变？是消费结构之变。以恩格尔系数①来考量，家庭中的财务支出从维持基本生活的吃喝用度流向文化娱乐、出国旅游、

① 居民家庭中食物支出占消费总支出的比重。——编者注

生活美学等更能提高生活质量的体验维度。是消费品类之变，过去以功能为逻辑划分的消费品类，在新场景细分出多样幸福感属性——轻食、瑜伽、电音、香氛、智能家居、联名款、限定版都是如此。是消费逻辑之变，在消费决策中，产品附加值和体验成为核心考量。事实上，以咖啡这个细微却深入日常的品类为切入点，我们可以窥探到消费分级带来的全新生活意义共识。

这是一个漫长且系统化的过程，隐匿在咖啡消费中的时间窗口是观念共识后的品牌格局能力。是精品咖啡的星罗棋布，是连锁咖啡的全渠道布局，是外卖咖啡的所见即所得，是数字化咖啡对产业链的摧枯拉朽。一切从零开始，一切都刚刚好。

本土机会

在罗马、米兰、墨尔本、里斯本、首尔这样的咖啡之城，似乎对像水和空气一样的咖啡无须过分着墨，以至于舒尔茨辞去星巴克首席执行官，专程去米兰开出全球第三家烘焙工坊的态度尤其小心翼翼，似乎不至于冒犯咖啡国民的骄傲。而行走在伦敦街道，你想要喝一杯咖啡，选项中可以有星巴克，有英国本土品牌咖世家，也可以有无数叫不出名字的独立咖啡馆。东京也是如此，咖啡的多样性会让你在东京新宿区碧慕斯本馆的猿田彦咖啡惊讶于口感纯粹，而非专程去蓝瓶咖啡签到方可获得，虽然在旧金山和波士顿，蓝瓶咖啡仍是首屈一指。事实上，全球热点城市的咖啡市场竞争十分充分。无论国际化的连锁品牌还是本土品牌，竞争与发展都平衡而公正，甚至在很多国家，本土品牌往往能超越国际咖啡巨头而名列首位。在英国排名第一的咖啡品牌是咖世家，在加拿大是提姆霍顿，在澳大利亚是高乐雅咖啡（Gloria Jean's Coffees），在日本则是国民咖啡品牌罗多伦（Doutor）。

显然，在中国完全是另外一番情形。瑞幸咖啡出现前，中国咖啡市场完全和肯德基麦当劳的快餐市场如出一辙，星巴克一家独大。对于咖啡爱好者而言，喝上一杯优质咖啡的成本相对较高。寡头拥有定价权，消费者却没有选择余地；无论外卖咖啡还是自提咖啡，或者步行至咖啡馆购买，时间成本都不可控——你甚至无法保证所在的地方半径 3 千米内是否有一家星巴克或咖世家。这是中国咖啡行业的痛点，也是机遇。消费者对于高品质、高便利性、高性价比并存的咖啡需求是真实的，这是中国咖啡市场爆发的基础。而新零售形态的崛起，尤其移动互联网推动服务进入大融合时代，智能移动设备高度普及，移动支付成为生活日常，大数据记录并精准改造着我们的生活——这是中国咖啡市场爆发的大背景。加上“口红效应”现实，在这样的时间窗口下，一个生长于中国本土的互联网咖啡品牌必将取得爆发性发展，这是移动互联应用场景的丰富性与中国人口红利共同塑造的新品牌和新平台机会，如同今日头条、滴滴、美团点评和小米的顺势而为。

数据显示，作为世界三大饮料之一，目前全世界至少有 15 亿人习惯饮用咖啡。其中欧洲人的年均消费量大约为 750 杯，美国 400 杯，日本 200 杯，而在中国大陆的发展还处于萌芽阶段，每年人均消费只有 6 杯，其中，现磨咖啡只有 1 杯。另据统计，全世界咖啡消费增速约为 2%，但中国等新兴市场年增速高达 25%。2007 年中国的咖啡馆数量为 1.59 万家，但在 2018 年狂飙猛进超过 10 万家。据咨询公司英敏特预测，2017 年到 2022 年间，中国咖啡市场销售额将以 5.7% 的年均复合增长率增长；在 2018 年差不多达到 800 亿元以上规模；到 2020 年，中国将成长为 3 000 亿元的咖啡消费市场。

从小众到刚需，从低频到高频，从存量到增量，得益于市场需求的强劲增长，中国的咖啡产业正在进入爆发前夜。特别是以瑞幸咖啡为代表的数字化品牌崛起，不仅动摇传统巨头的行业地位，也让咖啡产业开始为资本瞩目。瑞幸咖啡在正确的时间选择了一个正确的赛道，这是瑞幸抓住的天时地利。至于瑞幸咖啡的未来何去何从，《启示录》的一句话可以回答："命运对勇士低语：'你无法抵御风暴。'勇士低语回应：'我就是风暴。'"

合纵连横

2019 年 1 月底，星巴克公布 2019 财年一季报，2018 年 10 月至 12 月期间，星巴克全球净收入为 66.3 亿美元，同比增长 9.2%，高于此前华尔街分析师做出的预期。不过观察其在不同区域内的表现，星巴克成绩可谓"喜忧参半"。其在全球及美国本土同店销量均增长 4%，而中国同店销量则仅增长 1%。星巴克在中国这块最重要的新兴市场，业绩却落后于全球。从订单量来看，星巴克门店在中国区内反而下降了 2%，销量提升实际来自客单价提高。2018 财年的第三季度，星巴克曾在中国市场迎来了近 9 年来的首次"倒退"——同店销量和营业利润率双双下跌——由此引发了华尔街的担忧。而后星巴克管理者的回应则显示其对这个增速疲软的插曲似乎并不太在意。星巴克的CEO凯文•约翰逊表示“我们正在玩长线游戏。我们对我们在中国的道路和未来增长仍然乐观。”全球饮品主席约翰•卡尔弗则强调“过去20年在中国已经建立了稳固的本地联系，出现任何波动公司都能应对。”为应对这个“波动”，星巴克确实在2018年做出了多年来的最大改变。

2018年8月2日，星巴克与阿里宣布合作开展外卖业务：依托饿了么配送体系，星巴克正式上线外卖服务，同时基于盒马鲜生的门店体系，打造星巴克“外卖星厨”。作为“回报”，星巴克将700万核心会员数据与阿里生态会员体系打通。

2018年8月28日，全球最大的咖啡企业雀巢以71.5亿美元的价格收购星巴克门店外的零售咖啡业务（不涉及28 000家线下连锁店）。雀巢由此获得星巴克的全球营销权，包括商超出售的包装类咖啡产品和饮料业务。同时，雀巢的奈斯派索（Nespresso）和多趣酷思（Dolce Gusto）咖啡胶囊系列产品也被授权使用星巴克品牌。

无独有偶，2018年8月31日，全球饮料巨头可口可乐宣布以39亿英镑（约合51亿美元）的价格全资收购英国著名咖啡品牌咖世家。包括之前隶属后者的近4 000家门店、咖啡自动贩卖机、家用咖啡业务、咖啡烘焙等业务全部归可口可乐所有。咖世家也由此获得可口可乐强大的渠道资源加持。

如此急促而巨大的变化集中在这么短的时间内并非偶然，全球传统咖啡势力重分疆土的背后是焦虑心态加速惊天交易的必然。早在2017年，雀巢就以5亿美元收购蓝瓶咖啡68%的股权。而欧洲投资巨头JAB在近年也屡屡斩获，先后斥巨资将毕兹咖啡、驯鹿咖啡（Caribou Coffee）、绿山咖啡（Keurig Green Mountain）等知名品牌收入囊中。

南美雨林的一只蝴蝶扇动翅膀，就能引起太平洋上的一场狂风。外卖咖啡这只蝴蝶，引出的其实是数字咖啡这场飓风。像很多老牌帝国一样，存在几十年的传统霸主星巴克似乎正在全力思索如何度过“中年危机”，但数字化新贵却在“消灭你，但与你无关”的道路上衔枚疾进。

当阿里巴巴牵手星巴克之后，腾讯也开始寻求咖啡消费市场的伙伴。2018 年 9 月，腾讯与瑞幸咖啡达成战略合作，双方宣布在“线上连接助力、线下智慧门店创新、自助点餐与外卖服务、大数据应用”4 个方向深度协同，借助社交网络力量，整合公众号、小程序、信息流、朋友圈等不同渠道流量资源，联手打造智慧运营系统与创新消费体验。瑞幸咖啡与腾讯的合作其实早有征兆。2018 年年初，瑞幸就曾在深圳以“刷脸”领咖啡等新技术玩法举办快闪咖啡店活动，吸引了当时腾讯总部的几乎所有员工来参与。

拥有超 10 亿用户的微信是这个时代的基础设施，作为互联网全新操作系统，小程序的诞生和生长注定与新商业密不可分。瑞幸咖啡自诞生之日起，就自带新零售基因：物流、信息流、资金流的数据化运营是核心。在腾讯与瑞幸咖啡的合作内容中，小程序以其非功能主体的去中心化思维，实现场景内嵌和用完即走的体验递进。瑞幸咖啡以小程序为基础，通过自助点餐与外卖服务，大幅提升门店的服务效率。借助微信社交裂变等产品玩法，瑞幸咖啡社交分发策略更为精准，同时深度植入人脸支付等创新科技，瑞幸智慧门店正在成为现实。在大数据的应用探索方面，瑞幸咖啡的订单数据将与腾讯大数据结合，帮助瑞幸咖啡在运营上提升用户复购率，实现千人千面乃至一人千面的精准营销。

真实的小蓝杯

2018年，欧莱雅交出了有史以来最好的财报。高档美妆品牌在中国销售额有两位数增长。财报中提到欧莱雅4大部门在“双11”都有强劲的数字表现。相对于竞争对手，它在中国市场继续获得市场份额。CEO安巩表示欧莱雅在中国的出色业绩可能跟“口红效应”有关，“当人们在汽车、房子这些大件投入更少时，他们会更愿意在小件消费比如美妆产品上犒赏自己。”他对中国经济放缓并不担心，“我们除了高档美妆品牌，也有大众美妆品牌”。

咖啡也是这样的小件消费品。以往消费分级中咖啡馆与台球桌的分野，越来越通过互联网形成新的信息同步，这些带有时代烙印的消费行为，也成为社会前进的背后推手。而在这个时代成功的第一要义就是做开拓者而非跟随者。2018年上半年，有超过80家咖啡品牌获得投资。其中，以瑞幸咖啡为代表的互联网模式品牌相继获得数千万元甚至上亿元融资。

瑞幸基因

瑞幸咖啡飞速扩张的底层原因是团队的基因，是瑞幸的“人和”。

创业过程是一场失落在太空的星际迷航，没有归途，没有归期。每个创业者都将欣赏到浩瀚宇宙之雄伟壮阔，也见识到它的善变、未知与极度残忍。而与你做伴的，只有你的船员和伙伴。以太网之父鲍勃•麦卡夫说，我见过的成功创业者对成功的原因一无所知，我的成功对我自己来说也依然是个谜。如何归因企业的成功或失败，本质上是一无解的问题。我们大抵可以把结果归结为外在和内在两个点——外在因素自然是时代动力，而内因则是创始人和创始团队，熊彼特称之为企业家精神。被我们津津乐道的苹果公司的创业故事并不始于史蒂夫•乔布斯，也并非始于某个关于手机的革命野心。苹果公司迈出的最初一步始于一群不安分的软件设计师和硬件黑客，是他们折腾出了人机共生的下一个发展阶段。在风云诡谲、死生无常的创业圈流传着一句几近真理的话：创业的局限性就是创始团队的局限性；创始人的成长性就是创业团队的成长性。

瑞幸咖啡的初创团队似乎也是一群“非主流”的咖啡行业破局者。早在 2008 年，陆正耀就开始到世界各地考察咖啡连锁态、品评各种口味，他曾亲口告诉朋友自己打算做咖啡新零售；瑞幸咖啡正式上线前，几百人的研发团队忙了大约一年半，在数字空间中瑞幸咖啡早已诞生。

很难想象，在不到一年的时间里成长为足以撼动国际咖啡巨头星巴克的瑞幸咖啡创始团队中，没有一个人来自咖啡业。非得说他们与咖啡有什么直接联系，或许“咖啡重度爱好者”是适合他们的身份标签。

瑞幸咖啡主要投资人之一，愉悦资本创始人刘二海曾打过一个比方：“让拖拉机时速150千米，那是危险的，而奔驰车时速开150千米，并非难事儿。而飞机时速800千米是正常的。快和慢对不同的企业来说概念是不一样的。”

瑞幸咖啡的核心团队来自神州优车，他们有什么“本领”呢？虎嗅2017年10月17日有篇《神州租车的重资产“炼狱之路”》，把神州优车的重资产模式归纳为“四门功课——融、投、管、退”。“融”就是以尽可能低的代价取得巨额资金，没有钱搞什么重资产；“投”就是性价比高、车型配置合理的车辆采购，建立庞大车队；“管”就是车辆服役期内的收益最大化；“退”就是从退役车辆获得尽可能高的残值。

瑞幸咖啡创始人、CEO钱治亚曾是神州优车集团的COO（首席运营官），负责整个神州优车集团的日常运营，是一个与几十万辆规模车队打交道的优雅女性管理者；而瑞幸咖啡联合创始人、高级副总裁郭谨一在加入瑞幸前，甚至服务于与互联网和创业相去甚远的政府部门——交通运输部运输服务司。和瑞幸咖啡团队的很多人一样，他们都有在海外生活工作的经历，凭借热爱或是兴趣而对国际咖啡市场有着超过10年的观察与研究，“这是一个靠谱的生意，是一个很好的机会”，钱治亚与郭谨一面对充满无限想象空间的中国咖啡市场有着同样积极的判断，他们一拍即合。

瑞幸创始团队对自己的运营管理能力有着强烈的自信和近乎精准

的判断。钱治亚的运营管理经验和郭谨一、杨飞对市场的判断是整个团队自信的底气。专业度方面，他们选择大量吸收传统餐饮行业的高级管理人员，包括中层和基层成员一起加入瑞幸团队来弥补这方面的不足。“虽然食品行业与出行行业在管理细节上不太一样，但其实在生意逻辑上是相通的。”面对如此多元的团队构成，郭谨一对经验的交互融合抱有积极乐观的态度。

畏惧失败的人，已经失败；剑指成功的人，正奔跑在通往成功的路上。事实证明，瑞幸咖啡这个“半路出家”的团队是具备赢家基因的，他们懂得数据，他们深谙数字化，他们理性建模，他们也基于数字迅猛迭代。

瑞幸速度

瑞幸咖啡从试运营开始的半年时间内，获得大钲资本、愉悦资本、君联资本、新加坡政府投资公司（GIC）等一线机构的联合投资，A轮融资 2 亿美元，投后估值 10 亿美元。2018 年 12 月 12 日，瑞幸宣布完成 2 亿美元的B轮融资，投后估值 22 亿美元，愉悦资本、大钲资本、新加坡政府投资公司、中金公司等参与本次融资。这一方面是资本市场对其商业模式和团队能力的肯定，另一方面也是对中国咖啡市场，以及未来增长潜力的看好。

现磨咖啡零售是毛利润率很高的生意，据估算，一杯星巴克咖啡的物料加运营成本每杯约 18.4 元，以售价 30 元计算，毛利润率高达 38.7%。位于东亚的日本、韩国、中国台湾和中国香港人均年消费量都已超过 200 杯。中国大陆仅是个位数，而且只有四分之一是现磨咖啡。也就是说，中国大陆每人每年只平均喝到 1 杯现磨咖啡。潜在市场空间大，预期毛利润率高，是一座巨大的“金矿”。假如在不远的将来，有 1 亿中国人达到每年喝 200 杯现磨咖啡杯的水平，1 年就是 200 亿杯。假设每杯售价 18 元、毛利润 3 元，每年就是 3 600 亿销售额、600 亿毛利润。瑞幸咖啡的目标是这座金矿，实现掘金梦的逻辑并不复杂，用一个词概括就是错位竞争。

中国互联网企业在早期阶段，大多以补贴为市场开拓主要策略，外卖大战、打车大战、共享单车大战莫不如此。咖啡市场也沿袭了这一补贴教育手段。2018 年年底，瑞幸官方披露 2018 年前 9 个月亏损 8.57 亿人民币，引来对瑞幸咖啡“通过烧钱培育市场和用户习惯”策略的质疑。但瑞幸咖啡CEO钱治亚表示，亏损超过 8 个亿完全符合预期。这些钱并不代表完全亏损，因为除了为培养用户消费习惯而施行的补贴，实际上更多资金被投入到供应链建设、信息系统搭建、门店拓展等方面，8.57 亿换来的是上万台专业机器和超过 2 000 家门店。新零售咖啡网络初步形成。

移动及至智能互联，一季度就是一年，5 年就是一个时代。无论垄断资源，还是天马行空的商业想象，在信息日益对称，链接日益频繁的商业社会都不能构成绝对优势，只有速度和执行才是最终决定成败的关键。对瑞幸这样的咖啡新零售而言，基于大数据和信息系统快速开店，在短时间内尽快达成开店密度，不仅可以提高消费者的购买与服务便利性，同时也是对运营效率的测试磨合和模式验证。

星巴克在中国上线外卖可视为瑞幸倒逼使然。两者在中国境内的扩张版图紧咬不放，甚至瑞幸的速度还更猛。星巴克 2019 年计划在全球净增 2 100 家门店，其中在中国扩充 600 家，而瑞幸 2019 年年底的目标是新开出 2 500 家门店，门店总数将达 4 500 家，将超过那时的星巴克门店的总数 4 284 家。

被误判的瑞幸

自瑞幸咖啡快速崛起以来，一直各方热议不断，其中包括了一些误判，总结起来主要有 3 个：一、瑞幸是外卖咖啡；二、瑞幸只卖咖啡；三、瑞幸对补贴过度依赖。

中外媒体都认为“外送是瑞幸咖啡的撒手锏”。直到瑞幸赴美上市，还有外媒称“中国咖啡外送公司来了”。但外送只不过是瑞幸咖啡的权宜之计。冷启动阶段，瑞幸咖啡店少、店小、知名度低。外送是与顾客“亲密接触”的唯一路径。实际上，瑞幸一直在打造线上与线下并行的流量入口，被瑞幸概括为“以技术为中心，以 APP+ 小店为两个基本点”。

回望小蓝杯 2018 年的数据：从 1 月开始在北京、上海等 13 个城市陆续试运营，5 月 8 号宣布正式运营。到 2018 年 12 月 31 号，共在全国 22 个城市开出了 2 073 家门店，其中快取店和悠享店 1 897 家，外卖厨房店 176 家，消费用户 1 254 万，销售杯量 8 968 万杯。2018 年年底，自提比例已经从年初的 35% 提高到 61%。而当成千上万间门店顾客盈门后，瑞幸咖啡自然会开卖果汁、轻食，甚至更多。但瑞幸高管也曾表示，SKU 不会超过 100 个，否则门店面积不够用、管理成本、供应链压力会呈几何级数上升。更重要的是，那样的话就无法以专业性和 711 等便利店咖啡错位竞争了。

瑞幸咖啡靠大规模赠饮获得用户，再通过补贴让用户实际付出的价格保持在一个低水平。“瑞幸咖啡疯狂补贴”“补贴模式还能走多远？”“资金链断裂”……对这些消息瑞幸咖啡并没有太认真对待，甚至有些听之任之。关于补贴，瑞幸从未说过会停止，战略性的补贴和预亏是瑞幸的长期战略。瑞幸的获客成本在逐季降低，2018 年 Q1“冷启动”时，获客成本高达 103.5 元，其中赠饮成本 15.8 元/人，其他成本 87.7 元/人（品牌广告、效果广告、App 推广、线下活动等）。Q2、Q3 获客成本分别降至 54.7 元/人和 51.6 元/人。进入 2019 年，获客成本进一步降至 16.9 元/人，其中赠饮成本 6.9 元/人。

有人诟病瑞幸咖啡野蛮生长，有人力倡品牌回归原点，有人坚信新旧更替势不可挡。刚刚崛起的瑞幸咖啡的确存在着不经意的粗糙，但与生俱来的系统性加速，又何尝不是数字化势能下的进化必然？

瑞幸模式

当消费关键词从物美价廉转变为个性、定制、品位、社交，高性价比意味着性格与性能的平衡，价值和价格的统一。洞察到这种消费精神的变迁，瑞幸对于咖啡的定义是，好咖啡，可购买的好咖啡，方便可获得的优质国民咖啡。不仅是零售新物种，更是新的生活习惯与生活意识。

成本结构：瑞幸的底层

回归商业的本质，成本结构始终是企业必须首先考量的要素，餐饮、饮品、快消品牌概莫能外。这是涉及人力成本、原材料损耗、门店租金等多方面的精密测算。唯有确立积极正向的成本结构，才能说服自己，说服团队，从而说服投资人、合作伙伴，尤其是市场，让消费者相信，品牌可以持续投入去改进体验，优化细节，改善产品，提升服务。一套成功的成本结构，奠定的是整个商业链条环节对品牌的信任。瑞幸咖啡筹划之初，保守克制与冒险激进两个完全相反的词语共同构成咖啡新零售成本控制的逻辑。

为判断不同类型门店的盈亏平衡点、利润水平和整个门店的增长曲线，瑞幸咖啡在创立初期针对不同场景开设了 3 家MVP测试店：联想桥店、银河SOHO店和望京店，3 家门店的测试内容不同。位于北京北三环外的联想桥店用来测试企业内部场景，顾客消费水平、复购率，以及对咖啡品质的认可度。北京东二环银河SOHO二层的门店则相对“奇葩”，不同于传统咖啡门店对高露出率、高便利性的追求，这家门店的位置极不显眼，却展示了瑞幸咖啡模式与传统咖啡连锁店选址最大的区别——以大数据手段，彻底颠覆传统咖啡行业依赖线下门店来获客、展示、服务的方式，重构咖啡消费场景。这家门店测试低租金、互联网获客、数字化门店的可行性。两者都是优化瑞幸咖啡成本结构的实验。实验结果，将优化的成本反哺到咖啡品质的提升，这是瑞幸咖啡商业逻辑能否成立和闭环的核心。

看似冒进的做法正是新零售线下线上行为一体化的流量红利期和体验窗口期。面对传统咖啡业的质疑，瑞幸咖啡顺势开辟更多用户认知的窗口，从大型活动合作到与超级IP的联名、各类主题店与快闪店的开设等，这些新颖特别的方式切合了年轻族群追求时尚与小众的消费心理——这也是克里斯坦森 2018 年提出的“开辟式创新”的要点所在。不再需要以传统方式在黄金地段开设大店或旺铺，在互联网场景的用户连接与转化中，微信消费者、小程序使用者、朋友圈关注分享者有更多的渠道和方式认识瑞幸咖啡。

而在瑞幸成本结构另一端，对于初创公司而言过于冒进的决策也显而易见。不同于以往的小步快跑和快速迭代，在涉及咖啡制作机器的采购方面，瑞幸咖啡为保证呈现最优质的咖啡，大批量订购全球最好的咖啡机品牌弗兰卡、雪莱，这对于传统咖啡业的欧洲供应商来说简直难以理解。这种高品质导向的采购甚至先于瑞幸店面的开设，也就是说，咖啡机订购数量完全基于瑞幸咖啡团队对于门店开设速度的数字化建模和测算精度。

在成本结构的控制上，瑞幸咖啡以数字化动态评估，对于咖啡生意的理解和门店成本的构成是客观和理性的。在门店选址和成本反哺的模型建构上，瑞幸让我们重新认识数字化门店的成本逻辑：新坪效的能力不仅在于开源，也在于更有效地节流共同成就的成本降低飞轮。

用户体验：瑞幸的精髓

新零售，归根结底是用户思维进化，是需求端本身对效率和信用的认知变革使然。人是被社交网络域定、被手机等智能设备赋能、被芯片植入和异化的人——我们存在于微信朋友圈，也存在于微博；存在于知乎，也存在于抖音；存在于淘宝，也存在于拼多多——新的个体在崛起，每个个体都是社群。超级个体正是社群的本质。而企业对待用户的方式，决定了企业与品牌的生命力和未来。

瑞幸咖啡作为初创的咖啡新零售企业，如何与消费者相处？咖啡品质改进、购买咖啡方式的优化、普惠的价格自然重要，但在消费者取得连接之初，瑞幸咖啡在用户画像上付出了何种努力？洞察是怎样的建模？

是星巴克已有受众？还是未被星巴克覆盖的人群？是便利店咖啡群体的写字楼延伸？还是麦当劳和肯德基的消费升级？这是理性与感性并存的交流方式。一方面，大数据为瑞幸咖啡提供了大量潜在用户的相关信息，包括用户消费习惯偏好，外卖平台用户下单时间、口味偏好，不同时间段用户对产品品类的选择等，一切数据都可被量化。另一方面，是企业级服务访谈，更具温情与真实感的、面对面需求调研，是瑞幸咖啡拉近与消费者、供应商距离的感性手段。在既有咖啡馆辐射半径内的问卷和辐射距离外的访谈同样成为瑞幸咖啡把握消费者需求做出行业预判的利器。相信数据，相信近场算法，相信足够的样本能力，相信时来天地皆同力，瑞幸的胆识在于下注“咖啡的国民性”——国民咖啡饮品缺位日久，这个奇怪的现实居然被长期熟视无睹，在互联网造就一个个新消费和新文化品牌的今天，如同风起云涌的网红茶饮让我们心甘情愿地排队一样，咖啡爱好者太需要一个不为咖啡排队的理由了。这个洞察的粗线条，我们在乐纯酸奶、归原牛奶之于伊利、蒙牛的小众化升维，在喜茶、奈雪的茶之于华祥苑、安溪茶饮的颜值和设计力，在超级猩猩、乐刻运动之于传统健身房的社群新零售气质，在言几又、方所之于传统书店的复合空间化，都能找到相似的新零售逻辑。

无论数字化技术创新还是饮品设计，最终都要归结到用户心智的争夺。全面数字化带来的不仅是零售新物种，更是新的生活习惯与生活意识。数字化的更新能力在于润物细无声，进化和迭代悄悄发生——习惯在瑞幸App下单一杯30分钟必达的咖啡，习惯在盒马鲜生上购买半小时3千米配送的生鲜净菜，习惯使用无人货架以规避社交恐惧症带来的紧张，习惯在抖音、bilibili等网站上找到气味相投的社群，飞速扩张的数字世界颠覆生活，也贡献宅与效率，输出智能与亚文化。

短短的一年间，围绕用户体验，瑞幸不仅对自身存量用户，基于年龄、性别、所在城市级别、兴趣爱好、品牌流转等细分维度进行深度画像与分析，进行朋友圈、分众的精准投放，还在用户体验端设计了更多优化方案。自提与外卖的结合，提前下单无现金的方便性，组合套餐优惠力度，社交裂变的分享机制，IP联名的参与感……瑞幸充分融通线上线下，以全时、多触点的连接用户，并满足用户个性化的场景需求和全时购买行为。借助“数据模型、流量池、体验场景”三大策略，挖掘咖啡人群全渠道全生命周期价值，实现对用户的“无限场景”触达、多元化互动，打造个性化体验。从用户识别到消费行为的数据打通，用户与咖啡（轻食）真正匹配，2 000家门店和员工管理智能化，以用户价值为依归，与用户为友，瑞幸的体验法则为浓墨重彩的新零售逻辑画上了2018-2019最值得重视的数字化点睛之笔。

瑞幸的“快”与“不同”

“快”是贯穿瑞幸咖啡发展的主旋律，也是市场评价瑞幸咖啡最常用的一个字。开店快，发展快，烧钱快，还有上市快。但实际上，在开第一家店之前，瑞幸花了相当长一段时间，数百个工程师来构建信息系统。在这个信息系统支撑之下，后面的发展才得以快速进行。早在2016年年初，创始团队就开始细化商业模式和搭建财务模型，包括单店模型和单杯模型，沙盘推演了各种竞争情况下的应对策略，系统计算了业务发展所需的资金需求和融资节奏。2016年年中，创始团队组织了一支数百人的技术团队，开始开发全套的信息系统，在此基础上，2017年10月，北京的联想桥店和银河SOHO店开始进行系统“内测”和“外测”。从2016年年初至今，历时3年多，如果从这个角度看，瑞幸咖啡也不算快。

在前不久召开的“瑞幸咖啡2019全球合作伙伴大会”上，瑞幸咖啡创始人、CEO钱治亚讲了瑞幸模式和传统模式的有3个根本性不同：交易方式的不同；门店模式的不同；以及技术驱动方式的不同。

瑞幸没有收银台，100%的交易支付都通过App来完成，这是第一个根本性的不同。App交易带来了3个好处，首先使客户的体验会更好，比如下单之后可以看到预计完成的时间，也可以自己设定想去取的时间，完全不用在门店里排队，同时还可以在点单之后通过App看到咖啡的整个制作过程。第二个好处是因为没有收银台，使得门店运营非常简洁和高效。第三个好处是瑞幸通过App和客户产生了强大的连接，从客户消费第一杯咖啡开始搜集数据，了解客户的消费习惯，未来可以提供更好的服务和商品，同时可以反向根据这些数据不断升级迭代产品。

前面提到，瑞幸有多种门店模式，战略重点是在快取店上，目前占比91.3%。快取店主要集中在写字楼的大堂、企业内部，以及人流量大的一些地方，面积为20—60平方米，小一点的没有座位或者有较少的座位。这种小店面积小，大大降低了开店门槛，装修比较简单，租金也比较低，这也是瑞幸开店节奏如此之快的原因之一。为什么聚焦在快取店？中国咖啡消费方式的比例统计中，70%的客户是带走喝，只有30%的客户是在店里面喝。瑞幸目前聚焦的就是这70%的需求，不是“第三空间”而是“无限场景”，这个是瑞幸的核心战略目标。

以技术为驱动，以数据为核心，瑞幸将客户端、门店端和供应端三者打通。客户端帮助与客户建立密切的数据联系，而新型门店智慧运营方式使门店运营变得非常简单。瑞幸门店的员工不用点单，也不用收银，只需要在接到订单后认认真真地把一杯咖啡做好，打包好，等着客户来取就可以了。对店长来讲，也不用管理库存，不用管理排班，这些传统咖啡厅要做的事情都不用做，而是交给系统来做，系统搜集客户的消费数据对销售进行预测，来确定订货应该怎么订，排班应该怎么排，资源的供给如何满足销售的需求。所以，门店运营变得非常简化，店长和店员的工作变得非常简洁。在库存和供应链端，把供应商、客户和中央仓库打通在一起，系统自动根据销售的预测向上端供应商和中央仓库发送订单，完成无缝的供应链。这样的底层信息系统，一方面提高整个运营效率，一方面在成本上产生巨大的优势。完备的数据提高质量管控有效性：管控到每一个订单，每一个客户评价都会关联到门店的KPI；管控到每一杯咖啡的出品，咖啡制作最关键的是咖啡机的稳定性及出品温度，因此瑞幸的每个咖啡机上都有感应装置，每个冰箱都有温度计，物联网把所有机器运行的数据都搜集到云端，通过后台系统来进行监控，一旦机器运行的参数和指标有偏差，系统就会自动发工单给维修工程师，发指令给门店，告诉他这台机器的出品已经不稳定需要暂停。

正如瑞幸咖啡董事长陆正耀所总结的：瑞幸咖啡的商业模式，是通过交易模式的创新和技术的应用，从根本上改变了原有咖啡行业的交易结构，从而带来了交易成本的显著下降。同时，通过和各领域顶级供应商的深度合作，为客户带来高品质、高性价比和高便利性的咖啡及其他产品。瑞幸咖啡商业模式的本质，是在客户和供应商之间构建起了一个最为高效的销售渠道和流通平台。因此，瑞幸真正的“快”，不是开店之“快”，而是效率之“快”。瑞幸模式和传统模式的不同，在客户端、在运营端、在业务发展端，是数字时代更迭之下底层基础设施的不同。

IPO宣言

2019 年 5 月 17 日北京时间晚 8 点，在纳斯达克标志性的敲钟现场，瑞幸咖啡的 3 位首席咖啡工艺大师敲响了上市的钟声。瑞幸咖啡在美国纳斯达克上市，发行 3 300 万份 ADS（美国存托股份），每份定价 19 美元，股票代码为“LK”。而此时，距离瑞幸咖啡上线试营业仅 502 天，不到 19 个月。新的 IPO（首次公开募股）速度记录就此诞生。更值得注意的是，从发布招股书到正式上市，瑞幸咖啡仅仅花费了 25 天，相对于去年以来上市的中概股（中国概念股）公司，这创造了一个新的纪录，此前的最快纪录是拼多多的 27 天。

图 6-1：2019 年 5 月 7 日北京时间晚 8 点，瑞幸咖啡在美国纳斯达克上市

咖啡消费平权时代

瑞幸咖啡的上市，是中国咖啡消费平权的开始。敲钟现场，瑞幸咖啡创始人、CEO 钱治亚发表了一封《瑞幸咖啡宣言》，提及 6 个观点，回应外界对于咖啡和中国咖啡一些误解，同时也讲出了瑞幸的愿景和初衷：

1、好的咖啡，其实不贵。我们始终认为国外的街头饮品，没必要卖成中国的奢侈品。瑞幸为大家提供高品质、高性价比、高便利性的咖啡，让每个中国人都能喝到更好的咖啡，这是我们的品牌愿景。

2、你喝的是咖啡，还是咖啡馆？现在瑞幸咖啡的门店里 91% 是快取店。消费者不用排队就能快速取到咖啡，提升消费体验，同时也无须为高额的房租和空间装修买单，这样才能够真正普及咖啡消费。

3. 好咖啡的味道，喝久了你就会知道。瑞幸咖啡采用的是2018意大利米兰IIAC金奖豆，但即便如此，也不能一开始就取悦每个消费者。中国用户的习惯和口感培养还需要时间，但我们相信，好豆的味道最终会被用户熟悉和认可。

4、喝咖啡不太健康？我的助理之前认为咖啡喝多了皮肤会变黑。其实，作为全球三大饮品之一，咖啡是很健康的，欧美国家日平均人均每年咖啡消费量超过300杯。2019年5月4日，发布在《欧洲流行病学杂志》的研究表明，每天喝两杯咖啡有助于延长寿命。

5、中国人没有喝咖啡的习惯？因为高价和购买的不便利性等因素，曾经阻碍了咖啡在中国的普及，每年人均咖啡消费量不到7杯。但是，因为瑞幸的加入，中国正在成为全球咖啡消费增长最快的市场，越来越多的年轻人喜欢咖啡，喜欢瑞幸。现在，在瑞幸89.6%都是回头客。

6、中国咖啡和美国咖啡相比差距在哪？从咖啡豆到咖啡设备，到工艺大师，瑞幸咖啡都是与全球同步的。可能很多人觉得中国做不出美国咖啡那样的品质和品牌，我们认为完全没问题！如果要说差距在哪儿，可能就差在一些人的不自信。

第一、二条，是瑞幸咖啡坚持战略自信的宣言，也是其向传统咖啡连锁品牌发出的战斗檄文。省去了“第三空间”费用的瑞幸，让本来就具有高毛利特征的咖啡有了极大的降价空间，这与传统咖啡连锁品牌是两种完全不同的思路。具体到操作层面，就是未来持续的补贴仍然会存在，高速的扩张仍会继续，直到实现“让每个人都喝得起、喝得到一杯好咖啡”。

第三、六条，是瑞幸对自己品质的自信，是面向用户的品质承诺和担保。在 2019 年 5 月召开的“瑞幸咖啡全球合作伙伴大会”上，我们看到从营建开始，设备、供应链、原物料到包材器具，瑞幸的合作供应商都是一线品牌。颠覆了“高价=高质”的惯性思维，原来一直以低价碾压对手的瑞幸，从来用的都是好东西。

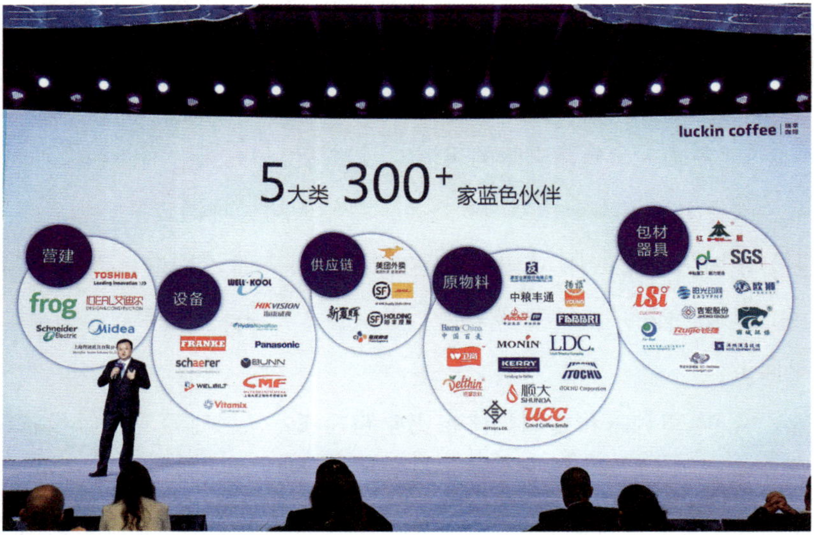

图 6-2：瑞星合作供应商图谱

第四、五条，是瑞幸对中国咖啡市场潜力的自信。咖啡文化的普及、消费习惯的养成需要时间。瑞幸咖啡 89.6% 的回头客，意味着大家并没有止于尝鲜，主打年轻群体的瑞幸咖啡，正在改变中国新一代消费者的饮食消费习惯。

瑞幸作为中国的“咖啡平权者”，让咖啡消费回到本身、回到日常，和全球信息对称，价格对等，去掉咖啡的标签溢价。从这个角度，我们更能理解为什么数字咖啡被称为第四次咖啡革命。

讲好瑞幸故事的秘密

关于如何讲好属于瑞幸的故事，瑞幸方法论中，有这样的八字箴言：逻辑、趋势、换位和自我。

所谓“逻辑”，是讲好故事的基础。在说服别人之前，你得先说服自己。看清咖啡市场，找到属于当下市场环境的底层商业逻辑，建立行之有效的财务模型，你才能在说服别人的过程中，绘制出包括销量、盈亏平衡点、未来前景的可期蓝图。

所谓“趋势”，是讲好故事的思维线索。顺势而为，是中国人的“道”。在咖啡消费临近爆发的节点，顺应经济发展和社会形势是瑞幸咖啡之道，也是消费升级中捕捉到时间窗口的时机。

所谓“换位”，是讲好故事的身份代入。说服的对象在哪里，无论合作伙伴还是目标用户，他的意识和兴奋点都在那里，找准对方角度，代入对方立场，对症下药，换位思考——这在任何沟通中都是行之有效且必需的。

所谓“自我”，是讲好故事的角色定位。知己知彼百战不殆，在完成一切对于外界的探索和理解后，创立自己特有的商业逻辑，明确自己的人格，才能在故事叙述中完整介绍自己、推荐自己、明确自己。在瑞幸咖啡高速发展的一年中，凭此找到有着相同信仰和目标的战友，成为自信的行业领导者和开拓者，而非一个老板那么简单。这是讲好瑞幸故事从 0 到 1 的秘密。

瑞幸咖啡企业文化形成过程中，有这样一条原则：如果想要颠覆一个行业，必须摆脱这个行业长久岁月中形成的思维定式，从外行角度突破桎梏，结合被无数次验证过的经验，从内到外结合，才能得到改变的原动力。

品质至上，平等尊重，积极进取。这看上去质朴却极其真实的 3 个原则，是属于瑞幸咖啡的企业文化。

品质至上。无论瑞幸咖啡被定义成什么词条，新零售咖啡、互联网咖啡或外卖咖啡，本质与核心始终是“咖啡”。为消费者提供一杯具有品质感的咖啡，是这门生意的立身之本。在瑞幸的理解，品质不仅包括最终送到消费者手中的咖啡本身，也包括咖啡豆采购、咖啡的研磨调配、咖啡购买体验等完整流程。在品质控制方面，瑞幸咖啡几乎做到了不计成本、不遗余力。来自瑞士的顶级咖啡机，进口自美国的热水机，由 3 个国家的世界咖啡师大赛冠军组成的精品咖啡大师团队……瑞幸咖啡以实际行动践行“做每个人都喝得起、喝得到的好咖啡”。品质至上始终被放在瑞幸咖啡企业文化的第一条，瑞幸咖啡从上至下完成的每项工作都围绕着这一信条展开。

平等尊重。瑞幸咖啡对于平等尊重的理解是立体多面的。和许多氛围良好的创业公司相似，瑞幸咖啡内部的管理完全扁平化，员工与员工、上级与下级的关系简单透明。通过办公自动化（OA）系统，在全国任何城市、任何门店、任何岗位的员工都可随时联系公司 CEO，与各位副总裁和直系领导直接沟通。上情下达、下情上传，是瑞幸咖啡内部的平等与尊重。而对于外部合作伙伴，瑞幸咖啡也践行与供应商共同成长，相互成就的过程体现了瑞幸智慧：独行者速，众行者远，甚至在彻底协作的今天，即便速，也需要众行。

积极进取。瑞幸可能是咖啡产业有史以来最不可思议的创新企业。保持积极心态，不仅是保持瑞幸咖啡的初心，更是瑞幸的生存智慧与发展能力——如茑屋书店创始人增田宗昭所说，只有第一才能生存的含义是，在竞争惨烈的时代，积极争取第一才有资格生存。

结语：破局新零售

在阿里的逻辑中，新零售是以消费者体验为核心，以数据驱动的泛零售形态，阿里提出“A100”战略合作伙伴计划是构建商业操作系统。

在京东的逻辑中，无界零售是以知人、知货、知场，重构成本、体验与效率的一次系统工程，实质是第四次零售革命，京东目标成为零售基础设施。

在腾讯的逻辑中，智慧零售在现阶段表现为社交零售，或称移动互联网数字化零售。这个阶段的定义就是无序、随机，各种线上线下多元多点的触动，随时随地在沟通，随时随地在转化，腾讯是数字化助手。

在苏宁的逻辑中，智慧零售要以用户需求为核心，产品和服务为手段，场景端口为渠道，资源链接为保障，合力创造用户价值，苏宁要输出零售CPU。

在拼多多的逻辑中，新品牌计划是聚焦中国中小微制造企业成长的系统性平台，拼多多要成为赋能平台。

而对于万千与瑞幸咖啡一起成长的创新零售品牌，新零售是以大数据支撑场景洞察，以体验设计为基础构架的新信用关系与新效率体系。我们把成本结构、配送快递能力、快速柔性的供应链，以及就近发货定义为效率，把内容生产、体验升级，以及IP打造定义为信用。通过场景与触点多元化的一体化管理，数字化货品与供应链，从采购端、物流端、消费端到服务端全产业链条数据采集分析与系统管理，人货场数据串联，品牌掌控自身触点，延展业务形态与新品研发策略。

在人、货、场的融合与变化中，全新消费场景的新零售形态充满了可能性。

零售空间的数据化和内容化，让复合业态成为主流。数据运营能力重建内容经营体系，对用户的洞察、预测与研究更为精准，把我们对人的“知”转变为对人性的“识”，是从知道、懂得、理解转变为识别、预测与判断，这是瑞幸咖啡的用户认知基础。

依托于旅行民宿、联合办公、共享社区、长租公寓、设计酒店等第三空间的新场景零售开始方兴未艾。新场景在这个过程中被激活，而这种激活本身就会成为未来零售的一种场域、氛围和消费决策的依据和动机，这是瑞幸无限场景战略的壁垒性。

用户圈层化的付费会员模式成为大势。从阿里巴巴、京东到喜马拉雅。知乎、网易云，付费大势所趋——瑞幸本质是用户的订阅机制和付费会员模型，而非传统的快消店和门店零售。

强社交属性的关系电商模式正在野蛮生长。朋友圈作为这个时代的基础设施，小程序作为新商业操作系统，是每个人作为渠道的场景和注意力所在。人格成为消费决策的入口，圈层成为消费阵地，瑞幸之所以有破壁能力，恰恰来源于对圈层的系统性收割：无论朋友圈刷屏抑或微博、小红书引爆。

新型媒介电商和策展式购物的崛起。内容体验代替购物本身，被赋予越来越多的关注度，用户更在意艺术的独特性和IP的差异化作为高质量的流量本身有没有被精准运营，瑞幸主打IP联名的逻辑正在于头部IP的杠杆能力。

碎片化驱动无人经济、共享经济、二手电商、社区服务、时间电商、细分颗粒化的零售模型。透明供应链本身成为消费的痛点和高频，瑞幸选择以数字化重建咖啡产业链信任，从原产地溯源到种植农收入提升，从消费端性价比提升到流程可视化，不仅是咖啡普惠价值观使然，也是新零售在咖啡场景的细分要求。

在这样的逻辑梳理背后，瑞幸咖啡对新零售的破局启示越发有针对性。

第一，以消费者权力覆盖零售商的主导权，以数据能力覆盖产品能力。应该重视产品本身，但又不能太在意一招鲜吃遍天；应该重视极致单品的研发，但又不能绝对依赖爆款或爆品。新零售要真正关注消费者实时的动态变化是不是能够在瞬间被感知和响应，这也是瑞幸文无定法的原因——无法被简单总结或贸然定义，咖啡是单品也是芯片，是场景更是无限场景。

第二，注意核心能力的变化。审美、艺术认知、媒介企划、总编辑和主编思维、策展人能力体系，这些曾认为风马牛不相及的关键词正在成为品牌成长的核心能力。当我们在谈论新零售时，买手能力和策展能力是今天的硬实力，瑞幸的崛起相当程度上是借力企划，充分运用IP的编辑力典型。

第三，C2B（消费者到企业）成为对B2C（“商对客”）意义的彻底覆盖。S2B2C[①]是C2M（用户直连制造）的深化，我们正在迎来真正意义上的精准商业。精准作为关键词，是知人、知货、知产的第一步，也是识人、识货、识场的结果。起于精准，也终于精准，瑞幸的算力精确不冗余，社交流量有的放矢，裂变的价值杠杆能有效撬动新增用户的匹配度。

第四，推动简单、短链、高效的消费和消费决策达成。瑞幸常给人粗暴之感，是因为直接快速，直达用户核心，直戳用户的咖啡场景痛点，直达稍纵即逝、细微的消费需求，瑞幸对场景痛点即时、实时、全时的满足和快速合理的匹配，值得咖啡产业重新审视自身的流程和作业链条。

第五，独立场景营造后，越来越快的场景切换与场景契合，将成为新零售不断进化的场景解决方案。永远不变是变化本身。瑞幸提出无限场景的理念并勤奋践行，是因为在加速迭代的体验时代求得生存，只能让自己进化出与变化速度匹配的进化能力。零售数据的本质是零售结构的知识拼图和认知跃迁。

当消费新物种以加速度奔涌而来时，全场景响应用户需求的新零售革命正在重构零售的本质。身处时代的风暴中，直面今天的变天现实。商业既在原点，在新零售的商业模式中，迭代始终在发生，未完成的产品始终是常态。能否战到最后，未来是否可期，一切皆有可能。

---

① S2B2C是一种集合供应商赋能于分销商并共同服务于顾客的全新电子商务营销模式。——编者注

【附录】咖啡地图[①]

国内－北京

朝阳区

Bracket Coffee（三里屯店）
工人体育场北路 3 幢（工体北门西侧）

春丽咖啡公司
南三里屯路鸿宏润超市左侧

鱼眼咖啡（Fisheye Café，798 艺术园区店）
798 艺术区 797 路情绪美术馆内

Greybox Coffee（望京凯德Mall店）
广顺北大街 33 号望京凯德 Mall 一层 16 号

九月上咖啡（DE PLUS COFFEE）
阜安东路望京 SOHO 塔 1 座 2 层 1209

山下 C5cafe
姚家园南路 1 号惠通时代广场 7 号楼 K 区 1 层

东城区

Barista Specialty（五道营店）
五道营胡同 47 号

Berry Beans
朱家胡同 7 号

福叁咖啡（自在场头店）
炭儿胡同 1 号

Hidden Hours
五道营胡同 60 号

Metal Hands
五道营胡同 61、65 号

Soloist Coffee Co
杨梅竹斜街 39 号

Voyage Coffee
北锣鼓巷 80 号

我与地坛 THECORNER
和平里南街地坛东门东侧 100 米

星巴克臻选（北京坊旗舰店）
廊房头条 13 号院 3 号楼

国内－成都

锦江区

别有 ANOTHER SPACE（太古里店）
玉成街 14 号新 3 号

常识咖啡 PY COMMONSS
华兴东街 4 号

DENHAM × UID CAFÉ
太慈寺路远洋太古里东里 1 层 1322 号

FUSION COFFEE 馥饮咖啡
金泉街 48 号附 4 号

勒克立方
金泉街 48 号附 16 号 1 幢 1 层

Let's Grind Fresh Roasted Coffee
镗钯街 39 号

Plus In 咖啡 · 饮品（太古里店）
东大街下东大街段 88 号

---

① 地址更新时间截至 2019 年 1 月 31 日。——编者注

Let’s Shangrila（武侯祠店）：武侯祠大街 243 号附 5 号

URBAN PICNIC CAFÉ 如本咖啡
金泉街 48 号附 6 号

灶咖 KITCHEN
锦东路 1 号附 4 号

青羊区

澄素自家烘焙咖啡馆 Oranveg Cafe
西安北路二巷 38 号附 8 号

NokNok Coffee
栅子街 12 号附 11 号

武侯区

Amos Café
龙江路 19 号步行街附 12 号

两半 · Half 咖啡酒馆
紫荆东路 16 号

The Hideout 咖啡
长益西二路 48、50 号

Wow!Coffee
桐梓林东路 3 号锦绣花园西门内 7–3–1–2

国内－广州

天河区

APF. KAFE
华康街 42 号地铺

Beeplus
珠江西路 5 号广州国际金融中心 11 楼

Black Dot Coffee 黑点咖啡（K11 店）
花城大道 K11 艺术购物中心 B1 层 B117

Jpg 咖啡
体育西路 48 号六运小区内

来回咖啡
天河南一路 84 号

Little & Co.（广物店）
兴国路 21 号

17 号的下午
华强路 2 号富力盈丰 B 座 2 楼 216 室

越秀区

玫瑰咖啡 ROSE CAFE
中山六路惠和坊 9 号

前街咖啡
东山口烟墩路保安前街 10 号

Press Room Coffee
广州大道中 289 号 289 艺术园停车场内

Sirr Café
广后街 3 号文德先生 B 座

无关咖啡（棠东店）
棠东东路 4 号御富科贸园 B2 座 108–110 室

国内－上海

黄浦区

Keep
南昌路 205 号

鹰集咖啡 S.Engine Coffee（新天地店）
黄陂南路 331 号企业天地底商

Horiguchi Coffee 堀口咖啡
圆明园路 133 号女青年会大楼 1 层

Onirii Coffee
进贤路 204 号

TC（新天地店）
湖滨路 168 号无限极荟购物广场 2 层

静安区

☕星巴克甄选烘焙工坊

南京西路 789 号兴业太古汇 N110-N201 号

☕Manner Coffee（奉贤路店）

奉贤路 310 号

☕Pushing Coffee

延长路 125 号

普陀区

☕无法定义咖啡馆（Undefine）

莫干山路 50 号 M50 艺术园区内 6 号楼 105 室

徐汇区

☕隐海咖啡（Fine Café & Canteen）

乌鲁木齐中路 192 号

☕毕兹咖啡（Peet's Coffee，东湖路店）

东湖路 9 号

☕咖啡蓝本（Coffee Lab）

安福路 158 号 2 楼

特别行政区－香港

上环区

☕Brew Bros Coffee

禧利街 33 号 LG 层下 2 铺

☕CoCo Espresso

苏杭街 126–128 号地下 D 铺

☕Golden Cup Coffee

德辅道西 9 号

☕Roastery Lab

孖沙街 5 号

☕The Cupping Room

皇后大道中 287–299 号永杰中心 LG 铺

油尖旺区

☕Barista Caffe

亚士厘道 18 号东亚中心 3 楼

☕Black Sugar Coffee & Lifestyle

么地道 68 号帝国中心地下 G34 铺

☕N1 Coffee & CO

么地道 34 号地下 G 铺

☕息 Leaf Café

柯士甸路 17 号丰乐大厦地下 4B 地铺

☕Urban Coffee Roaster

碧仙桃路 7 号美丽都大厦地下 44 号铺

湾仔区

☕Elephant Grounds

永丰街 8 号永丰大厦地铺

☕Omotesando Koffee

皇后大道东 200 号利东街 G24-25 号舖

☕18Grams 烘焙概念店

庄士敦道 10 号

中环区

☕Common Ground

城皇街 19 号地下

海外－大洋洲－澳大利亚

墨尔本

Carlton VIC

☕Brunetti

380 Lygon Street

☕Seven Seeds

114 Berkeley Street

Melbourne VIC

Brother Baba Budan

359 Little Bourke Street

Gold drops

183 Little Collins Street

Hash Specialty Coffee

113 Hardware Street

Market Lane

8 Collins Street

Patricia Coffee Brewers

Little Bourke Street & Little William Street

Slater St. Bench

8/431 Street Kilda Road

Sensory Lab

30 Collins Street

北墨尔本区（North Melbourne）

Auction Rooms

103-107 Errol Street

The Smith

38 Villiers Street

南墨尔本区（South Melbourne）

Aucuba Coffee Roasters

108 Bank Street

St. Ali

12-18 Yarra Pl.

The Kettle Black

50 Albert Road

海外－北美洲－美国

纽约

布鲁克林区（Brooklyn）

Brooklyn Roasting Company

25 Jay Street

Maman Coffee

80 Kent Street

Parlor Coffee Roasters

11 Vanderbilt Avenue

曼哈顿区（Manhattan）

Birch Coffee

21E 27th Street

蓝瓶咖啡

101 University PL.

Chalait

1216 Broadway

Gasoline Alley Coffee

24E 23rd Street

Happy Bones

394 Broome Street

Intelligentsia Coffee Highline Coffeebar

180 10th Street

乔咖啡

9E 13th Street

毕兹咖啡

853 Broadway

Perk Kafe

126E 37th Street

树墩城咖啡（艾斯酒店）

20 W 29th Street

Third Rail Coffee

240 Sullivan Street

☕Toby's Estate Coffee

160 5th Avenue

海外－欧洲－法国

巴黎

1 区（1ER ARR）

☕Telescope

5 Rue Villedo

3 区（3ER ARR）

☕Boot Café

19 Rue du Pont aux Choux

☕Fragments Café

76 Rue des Tournelles

☕Fringe

106 Rue de Turenne

☕LOUSTIC

40 Rue Chapon, 3rd arrondissement

☕Ob-La-Di

54 Rue de Saintonge

7 区（7ER ARR）

☕Coutume Café

47 Rue de Babylone

8 区（8ER ARR）

☕Honor Café

54 Rue du Faubourg Saint-Honoré

11 区（11ER ARR）

☕Café Oberkampf

3 Rue Neuve Popincourt

海外－欧洲－葡萄牙

里斯本

☕Copenhagen Coffee Lab & Bakery

R. Nova da Piedade 10

☕FÁBRICA COFFEE SHOP

Rua das Flores 63

☕Montana Lisboa

Rua da Cintura do Porto de Lisboa, Armazém A Porta 20, Cais do Sodré

☕Remi Coffee & Wine

R. Gomes Freire 146 b

☕The Mill

R. do Poço dos Negros 1

海外－欧洲－意大利

米兰

☕Cafezal Torrefazione Specialty Coffee

Via Solferino, 27

☕Cofficina - Ticinese 58 Coffee Shop

Corso di Porta Ticinese, 58

☕Coffice Milano Sant'Ambrogio

Via Olona, 11

☕Flagship Store Lavazza

Piazza S. Fedele, 2

☕ORSONERO COFFEE

Via Giuseppe Broggi, 15

☕Pavè

Via Felice Casati, 27

☕Sevengrams S.r.l / Coffee Studio 7Gr.

Via Valparaiso, 9

Starbucks Reserve Roastery

Via Cordusio, 1

海外－欧洲－英国

伦敦

霍尔本区（Holborn）

Kaffeine

15 Eastcastle Street

Prufrock Coffee

23-25 Leather Ln.

马里波恩区（Marylebone）

Curators Coffee

51 Margaret Street

Workshop Coffee

1 Barrett Street

肖尔迪奇区（Shoreditch）

Attendent Shoreditch

74 Great Eastern Street

Association Coffee

10-12 Creechurch Ln.

Nude Espresso

26 Hanbury Street

Ozone Coffee Roasters

11 Leonard Street

Shoreditch Grind

213 Old Street

苏豪区（Soho）

Flat White

17 Berwick Street

Monmouth Coffee Company

27 Monmouth Street

TAP Coffee

193 Wardour Street

Timberyard

7 Upper Street. Martin Ln.

海外－亚洲－韩国

首尔

城东区

Café Onion

城东区圣水洞 2 街 277–135

大林仓库画廊 CO:LUMN

圣水洞圣水 2 路 78 号

江南区

Bean Brothers

驿三洞江南大学街 94 街 14

龙山区

onne sait jamais

汉南洞梨泰院路 54 街 47

麻浦区

Anthracite Coffee Roasters

西桥洞 475 街 22 号

瑞草区

Fritz Coffee Company

瑞草洞 1363-10 号

永登浦区

Coffee Graffiti

杨平路 28 街 3 号

EL Café Roasters

杨平路 21 街 7 号

钟路区

Caffe Themselves

贯铁洞三一大路 388 号

Namusairo Coffee

社稷洞社稷路 8 街 21 号

海外－亚洲－日本

东京

港区

COUTUME

港区南青山 5–9–15 1 层

罗多伦（Doutor，南青山店）

港区南青山 5-9-20

Toranomon Koffee

港区虎之门之丘 1-23-3

丸山咖啡

港区南青山 3-14-28

涩谷区

Mojo Coffee

涩谷区神宫前 3-22-15

STREAMER COFFEE COMPANY

涩谷区涩谷 1-20-28

The Roastery 咖啡屋（THE ROASTERY BY NOZY COFFEE）

涩谷区神宫前 5-17-13

江东区（清澄白河）

ALLPRESS ROASTERY & CAFE TOKYO

平野 3-7-2

蓝瓶咖啡

平野 1-4-8

Earth+Gallery Café & Bar

木厂 3-18-17

Fukadaso CAFÉ

平野 1-9-7

The Cream of the Crop Coffee

白河 4-5-4

新宿区

猿田彦咖啡碧慕斯店

新宿 3-32-6 碧慕斯 1 层

Verve Coffee Roaster

新宿车站 NEWoMan 百货 2 层

京都

东山区

%Arabica

星野町 87-5

中京区

OGAWA COFFEE

河原町东入中岛町 96-2

Weekenders Coffee

骨屋之町 560

跨界咖啡馆

国内－北京

朝阳区

鱼眼咖啡（Fisheye Café，798 艺术园区店）

798 艺术区 797 路情绪美术馆内

科颜氏咖啡（Kiehl's Café，三里屯太古里店）

三里屯太古里南区

梅赛德斯 Me 咖啡

三里屯梅赛德斯 Me 广场三里屯体验店 1 楼

东城区

Café & Meal MUJI

煤市街廊房头条 21 号院北京坊西区 2 号楼 1 层

海淀区

dotcom SPACE（致真店）

西土城知春路北航致真大厦西北角 D 座 1 层

西城区

飞利浦智能咖啡馆

金城坊街 2 号金融街购物中心 1 期 B1 层 B105 商铺

国内－成都

锦江区

Café & Meal MUJI（成都远洋太古里店）

中纱帽街 8 号成都远洋太古里 28 栋 3 层

ELLE Café（成都远洋太古里店）

中纱帽街 8 号成都远洋太古里 1 层 1242 铺

Enjoy Laundry Café 悦享自助洗衣咖啡馆

顺江路 21 号

INNISFREE 悦诗风吟咖啡店

中纱帽街 8 号成都远洋太古里 2 层 2304 铺

Line Friends Café & Store（远洋太古里店）

中纱帽街 8 号成都远洋太古里 1 层 1302 铺

猫的天空之城概念书店（太古里店）

中纱帽街 8 号成都远洋太古里 B1 层 MO2O 铺

New School Work Shop

滨江东路 168 号星河名都商铺 8-9 号

一介

锦绣街 7 号附 4 号

武侯区

叁咖啡

来福士广场 3 楼水池旁

国内－广州

天河区

方所咖啡

天河路 383 号太古汇 B1 层

Nisiss free-Factor Coffee

花城大道 k11 艺术购物中心 B1 层 128 铺

易间（网易）

金穗路 62 号侨鑫国际商业裙楼 2 层 210 铺

杂咖（维家思广场店）

黄埔大道西 188 号维家思广场 1 层

越秀区

Jaket coffee（东风路店）

东风东路 573 号

无白疗养所

北京路 231 号联合书店 5 层

国内－上海

长宁区

årgang Kaffe

长宁路(具体地址保密,预约:微信 SYSH_100_4)

黄浦区

Apartmental

巨鹿路 318 号甲 1 幢 301

BOBBI BROWN 胶囊咖啡馆（快闪店）

西藏中路 268 号来福士广场

LINE Friends Café & Store

马当路 388 号复兴 SOHO3QB 座 1 层 01 铺

Open the Market

淮海中路 1640 号

Taste Space Shop & Café

泰康路 210 弄 3 号楼 105 室

有练 Café

黄陂南路 380 号新天地南里 101-201 号铺

静安区

AKIMBO CAFE LAB

愚园路 1018 号愚园百货公司

Aunn Café

南京西路 1728 号

无印良品咖啡

西藏北路 166 号大悦城北座 3 层 302–14、15 号商铺

可可小姐限时咖啡店（快闪店）

南京西路和华山路路口

摩西咖啡

西藏北路 166 号大悦城 2 层 205 号

Schawlow 肖洛

武定路 1003 号优联创意公社 1 层 1B

10 Corso Como Café

南京西路 1717 号 1 层

浦东新区

永久自行车咖啡馆

兰花路 235 号

徐汇区

Musée Café

瑞平路 230 号保利时光里 B1-002

特别行政区－香港

上环区

辦馆 LOF 10

上环裕林台 1 号地铺 B

湾仔区

OVO Café

湾仔道 1 号地下

油尖旺区

Kubrick

香港油麻地众坊街俊发花园 3 栋 H2 地铺

中环区

Agnès b. Café LPG

中环歌赋街 8-10 号中山楼地铺

海外－大洋洲－澳大利亚

墨尔本

墨尔本区

☕Mercedes me Store Melbourne

525 Collins Street

海外－北美洲－美国

纽约

布鲁克林区

☕Brompton Bike Café

64N 9th Street Rough Trade 1F

☕Celsious

115N 7th Street

曼哈顿区

☕Cadillac House

330 Hudson Street

☕Ralph Lauren Café

711 5th Avenue Polo Ralph Lauren 2F

☕Samsung 837

837 Washington Street

☕The Blue Box Café（蒂芙尼）

727 5th Avenue Tiffany & CO 4F

海外－欧洲－法国

巴黎

3 区

☕The Broken Arm

12 Rue Perrée

6 区

☕Emporio Armani Caffè

149 Boulevard Saint Germain

10 区

☕Ten Belles

10 Rue de la Grange aux Belles

11 区

☕Café Kitsuné Boulevard

109 Rue Amelot

☕Steel Cyclewear & Coffee Shop

58 Rue de la Fontaine au Roi

海外－欧洲－意大利

米兰

☕ 文化咖啡馆

Corso Garibaldi 65

☕ 普拉达光明酒吧

Largo Isarco 2 Fondazione Prada

☕ 10 Corso Como Café

Corso Como, 10

海外－欧洲－英国

伦敦

马里波恩区（Marylebone）

☕Monocle 咖啡

18 Chiltern Street

美菲区（Mayfair）

Thomas's Café（Burberry）

5 Vigos Street

肖尔迪奇区

Look Mum No Hands!

49 Old Street

圣詹姆斯区（St. James）

Rose Bakery Café（Dover Street Market）

18-19 Haymarket

海外－亚洲－韩国

首尔

江南区

Café Dior

狎鸥亭 464 号

首尔爱马仕咖啡馆

新沙洞 Dosan Park 630-26

海外－亚洲－日本

东京

港区

A to Z Café

南青山 5-8-3equbo 大厦 5 层

Café Kitsuné

南青山 3-17-1

Emporio Armani Café

北青山 3-6-1

Intersect by Lexus

南青山 4–21-26 号

Nendo Connel Coffee

赤坂 7-2-21 草月会馆 2 层

涩谷区

BT21 Café

神宫前 5-13-2

HAY Tokyo

GYRE 商场 B1 层

Little Cloud Coffee（visvim）

GYRE 商场 2 层

欧舒丹咖啡厅（L'Occitane Café，涩谷店）

道玄坂 2-3-1

RATIO&C.

神宫前 3-1-26

目黑区

TRAVELER'S FACTORY

上目黑 3-13-10

千代田区

AKB48 咖啡＆商店（秋叶原）

神田花冈町 1-1

中央区

Chanel Beige Alain Ducasse

银座 3-5-3 香奈儿大楼 10 层

古驰咖啡

银座 4-4-10

Mighty Steps Coffee Stop

日本桥本町 4-3-14

资生堂 Parlour

银座 8-8-3 资生堂大厦 3-5 层

大阪

☕BVLGARI- Il Café

梅田阪急百货 5 层

☕MARNI Flower Café

梅田阪急百货 3 层